Birgit Schönau

Gebrauchsanweisung für Rom

Piper München Zürich

Mehr über unsere Autoren und Bücher:
www.piper.de

Für Sabina und Filippo

ISBN 978-3-492-27535-4
5. Auflage 2008

Gesamtherstellung: CPI – Clausen & Bosse, Leck
Printed in Germany

Inhalt

Piazza Navona
Die größte Bühne der Stadt 7
Piazza Montecitorio
Alle Macht ist vergänglich 19
Piazza del Campidoglio
Es war einmal die Mamma –
die römische Familie heute 31
Largo Fellini
Von Kultfilmen und Kirchenkinos 39
Piazza Bocca della Verità
Die Macht der Bürokratie 48
Piazza Trilussa
Am Anfang war das Wort 57
Largo di Torre Argentina
Die Stadt der Katzen 66
Piazza San Pietro
Im Staat der Priester 71
Campo de' Fiori
Verdauung, dreitausendjährig 93

Piazza Venezia
Der Stärkere gewinnt, außer im Stau 108
Piazzale Scipione Borghese
Kirchen, Kunst, Museen – wie die Mäzene der Kurie die Stadt prägen 117
Piazza Vittorio Emanuele
Die neue Urbs der Völker 127
Piazza del Colosseo
»Haue, steche, brenne…« 134
Piazza Fiume
Hauptsache *classico*: Wo man zur Schule geht 144
Piazza Mincio
Eine Schwäche für Badezimmer: Wie es sich wohnt 151
Piazza di Spagna
Die Macht der Schönheit und die Tyrannei des Geschmacks 159
Piazzale del Verano
Der hohe Preis der Ewigkeit – Totenkult und Gräbernot 165
Piazza di Trevi
Eine Münze für die Wiederkehr 171

Bücher über Rom
Eine Auswahl 183

Piazza Navona

Die größte Bühne der Stadt

Der Vier-Ströme-Platz in der Mitte gehört den Touristen, geschenkt. Wie die Straßencafés, die Porträt- und Karikaturenzeichner, die Souvenirhändler. Was die Steinbänke angeht, ist das schon nicht mehr so klar. Morgens sitzen dort Herren im Anzug und lesen Zeitung. Mittags Jugendliche, ein Stück Pizza in der Hand. Am späten Nachmittag unterhalten sich Mütter, während ihre Kinder sich die Nase an den Fenstern der beiden Spielzeuggeschäfte platt drücken. Wer schon etwas größer ist, spielt Fußball zwischen den Brunnen und übt das Dribbeln um die Beine der Gaukler, die ihre Kunststücke zeigen wollen.

Die Römer kommen auf die Piazza Navona, damit sie sicher sind, in Rom zu sein. Wer hier wohnt, überschreitet diese Riesenbühne mehrmals am Tag – um zum Markt am Campo de' Fiori zu kommen oder zum Schuster im Vicolo della Volpe. Die Piazza ist das Herz der größten Altstadt der Welt. Ein Dorf sei das Centro Storico, meinen viele in Rom, ein Dorf, in dem jeder jedem dreimal täglich begegnet.

Leider stimmt das nicht mehr so ganz. Auch die vieltausendjährige Urbs verwandelt sich in eine moderne City, in der es mehr Büros und Luxusgeschäfte gibt als Wohnungen, Handwerksbetriebe und Lebensmittelläden. Diese Umwandlung begann schon in den 1950er Jahren, verursachte Wohnungspreise, die in absurde Höhen stiegen, und vertrieb die Römer aus ihrem historischen Zentrum. Zwischen 1951 und 1997 haben 282000 Menschen das Centro verlassen, heute haben innerhalb der Aurelianischen Mauern nur noch 142000 Einwohner ihren Wohnsitz angemeldet. Die Altstadt gehört den Parlamentariern, den Fernsehreichen und jenen Fremden, die für eine Zweizimmerwohnung mit Dachterrasse Monatsmieten berappen können, die das Nettoeinkommen eines Universitätsprofessors verschlingen würden. Es halten sich hier die Alten, die aus ihren Wohnungen noch nicht herausgestorben sind, die Familien, die das Glück hatten, ein Apartment im Centro zu erben, und natürlich der Adel, der seit Jahrhunderten seine Stadtpaläste bewohnt.

Und doch verteidigen auch die letzten Vertreter des *popolino*, des römischen Kleinvolks, ihre Stellung. Manche wohnen schon lange nicht mehr hier, sondern betreiben nur noch ihre Reinigung, ihre Tischlerwerkstatt, ihren Zeitungskiosk. Und wenn wieder ein Kunde wegzieht, tut ihnen das weh.

Wir haben Jahre hinter der Piazza Navona gelebt, in einer winzigen Wohnung mit einer riesigen Terrasse. Unser Vermieter war ein eleganter Signore mit verwandtschaftlichen Verbindungen in den römischen Kirchenadel, der in den unteren Stockwerken seines Palazzo steinalte Witwen zu Mietpreisen beherbergte, die vor sechzig Jahren eingefroren worden waren. Unter dem Dach hatte er einige Räume unter Missachtung sämtlicher Bau- und

Sicherheitsvorschriften ausgebaut, um an einem atemberaubenden Blick über grüne Dächer, 16 Kirchtürme, die Peterskuppel und das Pantheon richtig Geld zu verdienen. Im vierten Stock wohnte ein bekannter Politiker in durchaus erwachsenem Alter immer noch mit Mamma und unverheirateter Tante. In jedem Frühling schickten sie uns mit freundlichen Grüßen ihren Beichtvater, der unsere nicht ganz abbruchfeste Wohnung segnen sollte.

Im Zwischengeschoss unter unserer Dachwohnung, auch das eine sehr römische Variante, hausten die nichtsnutzigen Enkel des früheren Portiers, die auf ihrem Gewohnheitsrecht bestanden und einfach nicht ausziehen wollten. Sie schlugen sich mit kleineren Einbrüchen durch und waren sehr erfreut darüber, als endlich ein Aufzug eingebaut wurde, weil sie so die geklauten Mopeds sehr viel bequemer in den fünften Stock transportieren konnten. Hier wurden die Zweiräder diskret ausgeschlachtet, und die Einzelteile brachten unsere Nachbarn dann sonntags zum Verkauf auf den Flohmarkt an der Porta Portese. Uns bestahlen sie übrigens nie, aber manchmal brauchten sie schnell ein Ersatzteil, etwa den Sitz der Vespa oder auch die Batterie des Fiat-Cinquecento. Wenn einer von ihnen doch mal erwischt wurde und im Gefängnis Regina Coeli (der »Himmelskönigin«) einsitzen musste, schickte er an den Palazzo herzergreifende Postkarten mit dem Kolosseum. Alles in allem also ein normales, nachbarschaftliches Leben.

Einmal klingelte bei uns eine junge Mutter aus Nigeria, die ebenfalls ins Zwischengeschoss gezogen war und mit der halb kriminellen Portiersippschaft bald überkreuz lag. Sie drückte mir ihr verdutztes Baby in den Arm und zog blitzschnell einen Regenschirm aus unserem Ständer. Damit stürmte sie nach unten und wir wurden Zeugen einer beachtlichen Schreierei, bei der das bei uns geparkte Baby aber ganz ruhig blieb. Am nächsten Tag hatte der jugendliche Bandenchef von unten ein blaues Auge. Das kam von unserem Regenschirm, der seinerseits keine einzige Schramme aufwies. Von der Nachbarin war er nach Gebrauch wieder ordentlich in den Ständer einsortiert worden.

Ganz oben wohnte neben uns die temperamentvolle Paola, die jeden Morgen mit dem Moped in ihr Büro bei einer großen Versicherungsanstalt brauste. Von ihrem Mann, einem Schauspieler aus einem uralten, römischen Adelsgeschlecht, hatte sie sich eigentlich getrennt. Jedenfalls, was das Wohnen unter einem Dach betraf. »Zwanzig Jahre mit ihm in einem Haus reichen«, sagte Paola. Aber er kam dann doch jeden Tag vorbei und bald stand auch sein Name auf der Klingel.

Mit Paola hatten wir einen Pakt zur störungsfreien Förderung menschlicher Beziehungen geschlossen. Auf unserem gemeinsamen Flurabschnitt teilten wir uns einen Nagel. Der Nagel war für die Bilder vorgesehen, die wir ihrer objektiven Hässlichkeit wegen nicht in unseren Wohnungen aufhängen mochten, aber einst zu irgendwelchen wichtigen Gelegenheiten geschenkt bekommen hatten – und zwar von Herzen, was die Sache erschwerte. Wenn uns die edlen Spender besuchten, hängten wir ihr Bild schnell auf den freien Nagel. Paola hielt es genauso, und in stillem Einvernehmen sind wir uns nie in die Quere gekommen.

An der Terrasse gegenüber lebte ein Notar mit seiner Familie. Uns trennte nur die Schlucht der Straße voneinander und wenn wir draußen aßen, hatten wir praktisch ein gemeinsames Tischgespräch. Wir sahen, aus welchen Büchern seine Kinder studierten, und ahnten, mit wem seine Frau telefonierte. Aber dass ausgerechnet in ihrer Wohnung eingebrochen wurde und die Diebe alles Wertvolle ausräumten, haben wir dann nicht mitbekommen.

In unserer Straße kannte jeder jeden und die Betreiberin des Frisörsalons unten im Haus wusste immer noch ein bisschen mehr. Sie behielt es nicht für sich. Allmorgendlich versammelten sich bei ihr die Signoras aus der Nachbarschaft, ließen sich die Haare richten und die Nägel feilen und klatschten dabei über alle, die gerade nicht in dem winzigen Salon saßen, vor allem aber über ihre Männer.

Die Straße, eine Welt, dominiert von einem großen Patrizierpalazzo, in dem eine Stiftung der Democrazia Cristiana residierte, auch als es die Partei schon nicht mehr gab. Eine Pizzeria, eine Bar, zwei Trattorien und ein nobles Fischrestaurant, dessen Küchenabzug direkt vor unserem Schlafzimmer aufgebaut war und sämtliche Katzen des Viertels sehnsüchtig den Fischdüften nachschmachten ließ. Natürlich haben wir nie dort gegessen, denn wie die Katzen waren wir schon vom Küchendunst satt. Aber wir haben doch eine gewisse Genugtuung empfunden, als das Restaurant kürzlich schloss, weil der Besitzer in einen schwunghaften Handel mit Kokain und Prostituierten verwickelt war, und wir freuten uns aufrichtig für unsere Nachmieter, die jetzt endlich mal frei durchatmen können.

Dem in Turbulenzen geratenen Edel-Etablissement gegenüber befindet sich die Nationalkirche der Rumänen, die sich sonntagmorgens vor dem Portal versammeln. Geradeaus linkerhand folgen: ein grottenartiger Gemüseladen, dessen Besitzerfamilie ewig erkältet ist, weil das boreale Feuchtklima zwar der Konservierung von Champions und Radieschen dienlich ist, aber nicht der sonnenbedürftigen Gesundheit eines Römers. Weswegen in der

Verkaufshöhle auf der anderen Straßenseite auch sommers wie winters der Heizlüfter brummt. Hier werden Putzmittel, Antimückenkerzen, Teflonpfannen und Lichterketten für den Weihnachtsbaum feilgeboten, von einer perfekt blondierten Römerin, die in der hintersten Ecke ihres Ladens das Dasein eines fernsehsüchtigen Grottenolms pflegt – über der Kasse laufen auf einem winzigen Bildschirm Seifenopern und Talkshows aus dem Lokalfernsehen. Die Tochter hat als Stewardess bei der staatlichen Fluggesellschaft Alitalia angeheuert und man muss Freud nicht gelesen haben, um zu ahnen, warum.

Der Zeitungshändler Antonio bewahrte unsere Hausschlüssel auf, und wir hüteten dafür schon mal seinen Sohn. Als Antonio die Kündigung für seinen Kiosk erhielt, lief das ganze Viertel Sturm. Genutzt hat es nichts, aber keiner von uns hat jemals bei seinem Nachfolger eine einzige Zeitung gekauft. Unsere kleine Tochter lernte unter Anteilnahme des ganzen Viertels laufen, denn es gab schon damals nicht sehr viele Kleinkinder im Centro Storico. Morgens schob mein Mann sie in ihrem Kinderwagen bis zum Park an der Engelsburg. Nachmittags nahm ich sie mit auf die Piazza oder, in den heißen Monaten, in die Kirche San Luigi dei Francesi. Da war es unter den Caravaggio-Bildern herrlich kühl, während sich unsere Dachwohnung längst in einen Backofen verwandelt hatte. Wenn es regnete, gingen wir ins Pantheon und sahen den Tropfen zu, wie sie aus dem großen Loch in der Mitte auf den Marmorfußboden rieselten. Hatte jemand Geburtstag, holten wir Ricottakuchen aus der jüdischen Bäckerei auf der anderen Seite des Largo Argentina.

Als das zweite Kind kam, sind wir umgezogen. Die Wohnung wurde zu klein, denn wir konnten ja nicht auf der Terrasse schlafen. Jedenfalls nicht immer. Der Weggang aus dem Viertel fiel uns richtig schwer, fast wie der Abschied aus der eigenen Familie. Zum Glück sind wir nicht allzu weit weg gelandet, und so kommen wir manchmal zurück, auf einen Spaziergang. Es ist jedes Mal ein Wiedersehensfest. Du musst deine Kinder öfter bringen, damit sie besser wachsen, sagt die Signora an der Kasse des Eiscafés, und natürlich verspreche ich es immer hoch und heilig. In unserer Stammtrattoria haben die Brüder Fabrizio und Claudio immer noch die gleiche Karte, die gleichen Preise, das gleiche Lächeln. Ihr neuer Kellner hat eine Freundin in Berlin und malt jetzt Bilder von der S-Bahn, die Fabrizio gleich aufgehängt hat. Claudio kam neulich mit schmerzverzerrtem Gesicht aus seiner Küche. »Aber lach jetzt nicht, wenn ich dir verrate, warum. Sonst muss ich mitlachen, und das tut höllisch weh. Ich hab mir nämlich beim Torschrei für den AS Rom die Rippen gebrochen, 1:0 gegen den AC Mailand, Treffer von Cassano. Und stell dir vor: noch nicht mal im Stadion, sondern zu Hause, vorm Fernseher.«

Der Adel hält sich. Die Borghese und die Torlonia, die Orsini und die Odescalchi residieren in der Altstadt und wenn sie auch nicht mehr die Stadt regieren, so beherrschen sie doch die Klatschspalten. Jedenfalls die niedrigeren Ränge. So hat sich die blutjunge Gräfin de Blanck als spärlich gekleidete Dschungelqueen im italienischen Fernsehen hervorgetan und es dadurch zu einiger Prominenz gebracht, während die Frau Mama ein gern gesehener Gast in den Talkshows ist, weil sie so freizügig und deftig über ihre längst verflossenen Liebschaften zu plaudern pflegt. Solches Verhalten aber verstößt gegen die Tradition und wird von den Alteingesessenen mit pikiertem Naserümpfen quittiert. Wer einen Papst in der Familie hatte, produziert sich nämlich nicht vor gemeinem Volk.

Zwar kann es sich nicht mehr jeder leisten, nur bei Sonnenschein zur Arbeit zu gehen, wie jener Spross eines famosen Geschlechts, dem morgens ein Blick in den Himmel genügte, um über den weiteren Fortgang seines Tages zu entscheiden: »Hör mal, ich lauf doch nicht durch den Regen zur Arbeit. Bei diesem Wetter bleibe ich zu Hause, schließlich bin ich ein Prinz.« Grandezza, in Jahrhunderten gereift. Andererseits machte es seiner Durchlaucht nichts aus, in der Bibliothek des italienischen Sozialismus sein Geld zu verdienen – der Papà hatte in einer rebellischen Aufwallung gegen Familienhistorie und Kaste ja auch den Adelstitel abgelegt. Wozu sich mit dem Titel belasten, wenn doch ohnehin alle Bescheid wissen? Und in Rom wissen alle Bescheid. Ein klingender Name, ob Titel-entschlackt oder nicht, öffnet hier noch immer alle Türen. Weswegen Fürsten und Prinzessinnen neben standesüblichen Tätigkeiten als Juristen oder Finanzberater besonders gern das weite Feld der Public Relations bestellen – und so das weiter betreiben, was sie immer schon am besten konnten: Kontakte pflegen, bestimmen, wer dazugehört und wer nicht, und dabei stets eine *bella figura* machen. Römische Edelfrauen wie die Prinzessin Alessandra Borghese betreuen Kunstausstellungen, weil sie das im Blut haben, und schreiben Benimmfibeln, in denen beispielsweise steht, dass es unschick sei, sich bei Tisch »Guten Appetit« zu wünschen. In speziellen Kursen bringen sie neureichen Römern und steinreichen Amerikanern Manieren bei und fliegen bis nach Tokio, um italophilen Japanern vorzuführen, wie man ordentlich den Tisch deckt. Sie heiraten untereinander und statt sich scheiden zu lassen, bewirken sie beim päpstlichen Ehegericht Sacra Rota eine Annullierung, noblesse oblige. Doch auch die Noblesse schützt nicht vor Peinlichkeiten wie dem Antrag einer stadtbekannten

Schönheit, ihre Verbindung zu einem Fürsten, dessen Nachname Paläste und Plätze ziert, wegen Impotenz desselben bitte schön aufzulösen. Die einflussreiche Verwandtschaft des so eindeutig Beleumundeten erwirkte aber am Ende doch eine Annullierung »wegen Unvereinbarkeiten im Charakter der beiden Eheleute«.

Die Römer reden von der *nobiltà nera*, dem »schwarzen«, höchst konservativen und standesbewussten Kirchenadel. Kardinäle, Päpste, Gegenpäpste dominieren die Annalen der meisten Patrizierfamilien, gleichgültig, ob sie Barberini oder Farnese heißen, Chigi oder Colonna. In der Kurie sind sie heute nicht mehr vertreten, denn in den Priesterstand mögen die Patrizier der Ewigen Stadt nicht mehr so gern eintreten. Aber man findet sie noch im Verzeichnis des Kirchenstaates – als Mitglieder des Ritterordens vom Heiligen Grab etwa. In den Vatikan pflegen sie nach wie vor beste Kontakte, und die Privataudienz gehört zum guten Ton, obwohl sie den Polen auf dem Papstthron noch immer ziemlich befremdlich finden. Aber was sind 25 Jahre vor der Ewigkeit? Gut, der Erste in der Runde, nämlich Petrus selbst, kam aus Galiläa. Aber schon bei Anaklet (76–88) verzeichnen die Quellen den Zusatz »Romanus«, der in der späteren Papstgeschichte dann noch hundertmal auftauchen sollte, Gegenpäpste und Nachfolger Petri aus der unmittelbar benachbarten Provinz nicht mitgerechnet. Der bislang letzte römische Papst war Pius XII., bürgerlich Eugenio Pacelli (1939–1958).

Die Pamphili – ein anderes Geschlecht des schwarzen Adels – wohnen nicht mehr an der Piazza Navona. Sie residieren in ihrem zweiten Stadtpalast an der Via del Corso. Hinter der prachtvollen Barockfassade, die zum Heiligen Jahr 2000 aufwendig renoviert wurde, hat nun die Botschaft Brasiliens ihren Sitz. Innozenz X. hatte den Palazzo um 1650 bauen lassen, er ist in der benachbarten Familienkirche der Pamphili, S. Agnese in Agone, beigesetzt. Bis er dort seine Ruhe fand, musste der von seiner Schwägerin Donna Olimpia tyrannisierte Papst indes lange verharren. Innozenz war in seinem Palast gestorben und Olimpia hatte es rechtzeitig geschafft, die unter seinem Bett versteckte Schatzschatulle an sich zu bringen. Der Papst wurde nun, gemäß der Sitte, in St. Peter aufgebahrt und nach drei Tagen sollte er eigentlich begraben werden. Man sandte nach Donna Olimpia, auf dass sie einen Sarg spendiere, aber diese weigerte sich mit den Worten, sie sei eine arme Witwe und denke nicht daran, das Begräbnis ihres Schwagers zu bezahlen. Keiner der Pamphilis rührte einen Finger – sie schlossen an ihrem Prunkpalazzo die Läden, hängten übers Portal einen Trauerflor und damit hatte es sich. So musste der tote Papst im Keller der Peterskirche zwischengelagert werden. Ein gedungener Wächter passte auf, dass die Mäuse ihn nicht anfraßen. Schließlich erbarmte sich der *maggiordomo* und spendierte Innozenz einen Sarg aus billigem Pappelholz. Olimpia aber fiel beim nächsten Papst in Ungnade und starb in der Nähe von Viterbo an der Pest.

Solche Anekdoten könnten all diese Familien erzählen, Geschichten von mächtigen Männern, von Heiligen und Prassern, von Kämpfern und Gelehrten, und von schönen Frauen. Von Paul III. Farnese etwa und seiner Konkubine Silvia Ruffini, Mutter des Kardinals Tiberio Crispo sowie mehrerer Nachkommen des Pontifex Maximus. Die edle Dame wurde im Pantheon beigesetzt. Luther schmähte den Farnese-Papst als »Heilige Jungfraw S. Paula Bepstin« und gar als »Sodomiten Bapst«, doch in Wirklichkeit war Paul III. ein treuer Familienvater. Sein Sohn Pierluigi war homosexuell, seine Enkel Alessandro Farnese und Guido

Ascanio Sforza di Santafiora wurden durch ihr Lotterleben berüchtigt. Die Hauptquelle des Reichtums römischer Familien, so stellte im Jahre 1560 der Botschafter Venedigs in Rom fest, sei das Verschachern ihrer Töchter. Die jungen Frauen würden hohen Prälaten anvertraut, »weil daraus vielen Familien, die sonst immer arm geblieben wären, hohe Vorteile erwachsen sind, bis hin zu Bistümern, Kardinalaten, ja dem Papsttum«. Die Zeiten haben sich geändert. Heute beklagt sich der teuerste Metzger Roms gern darüber, dass ihm ein veritabler Fürst aus altem Kirchenadel regelmäßig die frischen Rosen aus der Auslage klaut. Die Familie unserer Freundin Lucrezia hat gerade ihre letzte Wohnung in der Altstadt verkauft – für sehr viel Geld an eine bekannte Modeschöpferin – und sich ganz auf ihre Burg bei Cerveteri zurückgezogen. Bisher hatte Lucrezia dort mit Blick auf eine Michelangelo-Fassade gewohnt und ihr Auskommen mit Hundeporträts gehabt. Wenn man aus altem Adel stammt, kann man in Rom auch davon leben.

Der römische Adel liebt Hunde und die Jagd. All die Patrizier mit ihren feinen Palazzi stammen nämlich eigentlich vom Land. Manche Familien, wie etwa die Odescalchi, vermieten ihre Burgen und Schlösser vor den Toren Roms an betuchte Hochzeiter. Andere haben aus ihren Anwesen *agriturismi* gemacht. Wer bei Adels zum Essen eingeladen wird, bekommt zu den faszinierenden Familiengeschichten gern einen selbst geschossenen Gummifasan auf dem ansonsten recht leeren Teller serviert oder ein Stück vom Hirsch, der womöglich eher an einer Bleivergiftung gestorben ist als an einem sauberen Schuss. Wenn man Glück hat, kommt man neben eine Prinzessin aus dem Geschlecht der Chigi zu sitzen, die mit großem Eifer über dem Fasan für eine Hundedemonstration wirbt, »damit unsere Hunde endlich wieder bessere Lebensbedingungen im Centro haben, die Armen«. Wenn Ihnen auf der Piazza Navona vor dem Palazzo Pamphili also eine Abordnung Jagdhunde mit Spruchband und Megaphon begegnen sollte, dann wissen Sie jetzt, warum.

Piazza Montecitorio

Alle Macht ist vergänglich

Auf der Piazza Montecitorio befinden sich: Ein deutscher Buchladen. Ein Hotel. Ein Obelisk aus der Sonnenuhr des Augustus. Ein Parlament. Letzteres erkennen Sie vor allem daran, dass kein einziges geparktes Auto auf dem weiten, hügelig ansteigenden Platz zu sehen ist, dafür aber immer eine mehr oder weniger große Gruppe von Demonstranten. Zwei Carabinieri beobachten in einem kleinen Wachhäuschen unter dem Obelisken das Kommen und Gehen der Abgeordneten – weil aber viele durch die Hintertür schlüpfen oder die Sitzung gleich ganz schwänzen, haben die Ordnungshüter ziemlich viel Zeit. Für einen kleinen Schwatz mit den Mammas, die ihre Kinder unbekümmert über die autofreie Piazza hüpfen lassen. Oder mit Touristen, die fragen, ob sie hier denn eigentlich sind, auf dem Platz Montecitorio. Weil sie es kaum fassen können, dass das Zentrum der staatlichen Macht so unspektakulär, mitten in der Stadt und für die Bürger derart zum Greifen nah liegt, ganz ohne Absperrungen und Bannmeile.

Mons Citatorius, der antike Name des künstlichen, weil aufgeschütteten Hügels, legt die Vermutung nahe, dass an dieser Stelle schon in der Antike gewählt wurde. Gian Lorenzo Bernini begann 1653 mit dem Bau des Palastes für Innozenz X. und versah ihn mit der rhythmisch gegliederten, geschwungenen Fassade, die den riesigen Kasten umso vieles leichter erscheinen lässt. Seit Innozenz XII. residierte auf dem Montecitorio das päpstliche Gericht, und erst als das italienische Parlament an dieser Stelle schon gut dreißig Jahre tagte, erfolgte die Erweiterung nach hinten heraus mit dem neuen Eingang an der Piazza del Parlamento. Seither heißt die Abgeordnetenkammer im Volksmund *transatlantico*, womit über das Verhältnis der Römer zur Macht schon allerlei gesagt wäre: Wie ein Ozeandampfer schaukelt die Legislative durch das wild aufschäumende Meer ihrer Notverordnungen, Gesetze und Gesetzchen, von denen es in Italien bekanntermaßen zehnmal so viele gibt wie im diesbezüglich ja auch nicht besonders zurückhaltenden Deutschland.

Wie die Titanic könnte der plüschig ausstaffierte Riese mir nichts, dir nichts einfach untergehen in den Strudeln der Gesetzgebung. So manche Verordnung wird am Anfang der Legislaturperiode in Angriff genommen und ist am Ende immer noch nicht spruchreif. Was sind schon vier Jahre für eine ernsthafte Diskussion, wo doch die großen Fragen der Menschheit seit Jahrtausenden keine Antwort finden? Italienische Abgeordnete debattieren jedenfalls in einem Gesamtkunstwerk, und manche *onorevoli* im *transatlantico* sind ganz besondere Artisten.

Cicciolina, etwa, das ungarische Pornosternchen mit italienischem Pass, die Anfang der 1990er Jahre für die Radikale Partei ins Parlament stöckelte, um nicht gerade ein politisches Vermächtnis, wohl aber einen gewaltigen Eindruck zu hinterlassen. Oder jene *voltagabbani*, die ungerührt ihr Fähnchen nach dem Wind hängen: Auf dem Wahlschein noch eindeutig links (oder rechts) stehend, laufen sie nach dem Wahlsieg der Gegenpartei ganz schnell auf die Seite des Siegers über und prellen so mit Nonchalance die eigenen Wähler. Eine andere Variante: Als die Lega-Nord-Politikerin Irene Pivetti 1994 mit gerade mal dreißig Jahren zur jüngsten Parlamentspräsidentin der italienischen Geschichte gewählt wurde, bestand sie auf der Anrede »Herr Präsident« und führte als überzeugte Katholikin die allmorgendliche Messe in der Parlamentskapelle ein. Zwei Legislaturperioden weiter moderiert sie, äußerst freizügig gekleidet, eine Fernsehshow über – Schönheitsoperationen. Alle Macht ist eitel, das wissen die Römer schon lange. Und sie dauert niemals ewig, weswegen man sich nicht allzu sehr engagieren sollte für diejenigen, die im Moment obenauf sind. Geradezu sprichwörtlich ist die römische Skepsis gegenüber den Herrschenden, die vorsichtige Distanz der Hauptstädter zu denen, die sie regieren sollen. Man hat ja auch schon alles gesehen in dieser Stadt, und so manchen überlebt: Cäsar, Augustus, Nero und Caligula. Ganz zu schweigen von gewissen Päpsten, von Karl dem Großen, Napoleon und Hitler – erst kamen sie als Besucher, dann als Besatzer. Viele Jahrhunderte lang haben die Römer geduldig immer neue Blutsuppe ausgelöffelt und dabei zuvorderst an das Durchbringen der eigenen Familie gedacht. Darauf kommt es ihnen nämlich letztlich an, historisch betrachtet. »Ihr wollt etwas darüber erfahren, welche Bedeutung die Familie für den Römer hat?«, fragt die scharfzüngige Schriftstellerin Barbara Alberti, die aus Umbrien stammt, wo die Dinge natürlich ganz anders liegen. »Eine absolute. Sie ist seine Höhle, sein Alibi dafür, dass er sich für nichts anderes als für sein Überleben engagiert. Die Ausrede dafür, dass er sich nur um seine eigenen Angelegenheiten kümmert, die also jede hübsche Ungerechtigkeit rechtfertigt.« Auch Italiener pflegen ihre Hauptstädter-Klischees und übersehen dabei erstens, dass die Weltgeschichte nun mal keine Abfolge von Bürgerinitiativen ist, und zweitens, dass gerade die Römer sich gegen ihre Unterdrücker immer wieder erhoben haben. In der Zeit der deutschen Besatzung 1943 / 44, als die Nazis 2019 jüdische Römer nach Auschwitz deportierten (von denen nur 15 zurückkehrten), war Rom die Kapitale der Resistenza, der antifaschistischen Widerstandsbewegung Italiens. Im ehemaligen Gestapo-Gefängnis an der Via Tasso kann man nachempfinden, wie heldenhaft sich die Bevölkerung gegen die Besatzer gewehrt hat. In Rom ereignete sich das Resistenza-Attentat auf ein Südtiroler Polizeibataillon, nach dem die Deutschen als »Vergeltungsmaßnahme« 335 Zivilisten in den Ardeatinischen Höhlen ermordeten. Nicht wenige Antifaschisten versteckten sich in Klöstern – etwa bei den Nonnen von Santi Quattro Coronati, die für ihre Schützlinge nicht nur das Klausurgebot brachen, sondern sich auch in persönliche Gefahr brachten.

Aber es stimmt: Römische Politik ist seit ewigen Zeiten Familienpolitik. Nicht von ungefähr ist die Wölfin das hiesige Wappentier, ein Wesen, das dem eigenen Rudel sein Leben lang treu bleibt und es gegebenenfalls mit Klauen und Zähnen verteidigt. Mit *la famiglia* fing andererseits der ganze Ärger an, als Romulus seinem Bruder Remus den Kopf einschlug – erst durch den Brudermord erfolgte die Stadtgründung.

Von den großen Familien Roms hing durch die Jahrhunderte jegliche Form der Herrschaft ab: Erst entsandten sie Heerführer und Kaiser, später machten sie Päpste. Wer nicht funktionierte, wurde kaltgestellt oder kaltgemacht. Nicht allzu oft starben in Rom Kaiser wie Päpste in ihrem Bett. Wenn es um die Durchsetzung von Familieninteressen ging, wurde fröhlich gemeuchelt und gemordet.

Das ist Gott sei Dank vergessen und vorbei. Geblieben ist aber das sichere Gefühl, dass »die da oben« genauso für die eigene Sache wirtschaften, wie man das selbst an ihrer Stelle ja auch tun würde. Weswegen sich ein Römer für seine Regenten nicht wirklich erwärmt. Er lässt sie gewähren, es reicht, dass sie nicht allzu offensichtlich auf seine Kosten leben. Einer muss ja die Arbeit machen. Er freut sich, wenn von ihrer Macht etwas auf ihn abfällt. Wohl dem, der den Bürgermeister zum Nachbarn hat. Oder einen Chef, der mit einem *onorevole* verschwägert ist. Eine solche Person, die ihrer Klientel qua Amt den täglichen Überlebenskampf tröstlich erleichtern kann, heißt in Rom *un santo in paradiso*, ein Heiliger im Paradies. So einen braucht man, um weiterzukommen. Und wenn er partout nicht helfen will, kann man ihn, wofür hat man die Demokratie, ja beim nächsten Mal wieder abwählen.

Die Demokratie ist jung in dieser Stadt. Alljährlich am 21. April feiert sie mit großem Pomp ihren Geburtstag, denn an jenem Tag im Jahr 753 v. Chr. wurde Rom der Legende nach gegründet. Neuerdings begeht man auch den 2. Juni als Geburtstag der Repubblica Italiana, aber weitaus weniger ergriffen. Selbstredend waren die Römer am 2. Juni 1946, als in einem Referendum über die zukünftige Staatsform Italiens abgestimmt wurde, auch schon wieder skeptisch gegenüber der Republik. Fast 54 Prozent stimmten für die Beibehaltung der Monarchie, denn zwischenzeitlich hatte man sich an den König gewöhnt und die eine oder andere Beziehung zum Hof gepflegt … Im übrigen Italien konnte man das nicht nachvollziehen und schickte die Königsfamilie ins Exil. Erst 2003 durften die männlichen Mitglieder des Hauses Savoyen wieder italienischen Boden betreten. Der Enkel des letzten Königs, Prinz Emanuele Filiberto, heiratete in der Basilika Santa Maria degli Angeli, einem Bau, der aus den Thermen des Diokletian entstand. Rom war's egal.

Auch der Faschismus vermochte die Römer nicht wirklich zu packen. Zwar jubelte Rom pflichtschuldig dem »Duce« Benito Mussolini zu, wenn der auf der Piazza Venezia Augen rollend und Fäuste schüttelnd seine Reden schwang. Doch gleichzeitig beklagten die *gerarchi*, die Bonzen der faschistischen Partei, den mangelnden Enthusiasmus der Hauptstadtbevölkerung. »Niemand wagte es, den mächtigen Zug zu stören, der vor Kraft und Jugend überbordete«, heißt es in den faschistischen Annalen über eine Demonstration der Partei. »Aber es war ein kalter Tag, des Klimas und der Seele wegen. Das gleichgültige Rom dachte überhaupt nicht daran, seine besten Söhne zu feiern.« Vielleicht hatten sie sich überlegt, dass auch dieser Spuk bald vorbei sein würde. Wenn es nicht gerade um Fußball geht, sind die Römer schlecht zu fanatisieren. Womöglich liegt es daran, dass sie Bewohner zweier Hauptstädte sind – der Kapitale Italiens und des Zentrums jener Weltreligion, die sich mit Berufung auf Rom, römisch-katholisch nennt. Weltliche Macht hatten die Päpste in ihrer Stadt, seit das Weltreich der Cäsaren im Ansturm der Barbarenhorden unterging. Der Papst hieß in Rom *Papa Re*, Papstkönig, und regierte als solcher vom Vatikan aus. Nicht unbedingt immer zum Besten der Stadt, weswegen die Römer schon mal von sich aus ein paar Gegenpäpste kürten. *Morto un papa, si fa un altro,* heißt ein römisches Sprichwort. Wenn ein Papst stirbt, wählt man den nächsten. Und damit wäre auch schon alles gesagt.

Wenn Sie sich weiter auf den Weg machen wollen durch die Topographie der Macht, lassen Sie den Vatikan ruhig auf der anderen Tiberseite liegen. Der Kirchenstaat gehört ja nicht mehr wirklich dazu. Was sich unter anderem darin zeigt, dass die Stadt Rom ihm seit Jahren pünktlich eine Abwasserrechnung schickt, die jedes Mal höher wird, weil der Vatikan die vorhergehende Rechnung auch noch nicht bezahlt hat. Abwässer! Der Papst! Wo kommen wir da hin! *Pecunia non olet*, zitieren die Heiden aus der Stadtverwaltung den Heiden Vespasian. Aber die Kurie rückt keinen Cent heraus. Verständlich. Wer das Weihwasser-Monopol hat, kann sich nicht um die Kanalisation kümmern.

Also, zum Vatikan kommen wir später. Jetzt nehmen wir erst einmal den Palazzo Chigi unter die Lupe, direkt neben dem Parlament auf dem Montecitorio. Die Fürsten Chigi, reiche Bankiers aus der Toskana, erwarben ihren Stadtpalazzo im Jahre 1659. Seit 1917 gehört das klotzige Gebäude dem italienischen Staat, und später wurde »Palazzo Chigi« zwar das Synonym für die Regierung, aber trotzdem lange nicht so prominent wie etwa Downing Street No. 10 in London oder das Weiße Haus in Washington. Der letzte italienische Ministerpräsident, der im Palazzo residierte, war der gebürtige Toskaner Amintore Fanfani. Giulio Andreotti, immerhin siebenmal Regierungschef, hat seine Wohnung am Lungotevere niemals mit dem barocken Repräsentationsbau austauschen wollen. Aber Andreotti ist auch Römer, und Römer ziehen sowieso nur um, wenn man sie mit vorgehaltener Pistole dazu zwingt. Anders der Mailänder Medienzar Silvio Berlusconi, der die privaten Räume des Palazzo Chigi komplett renovieren ließ, als er im Frühjahr 1994 zum ersten Mal zum Hausherrn gewählt wurde. Berlusconi bezahlte, wie er nicht müde wurde zu versichern, aus eigener Tasche. Wenige Monate später wurde er gestürzt und als er 2001 noch einmal wiederkam, machte er erst gar keine Anstalten, in seinem Amtssitz auch zu wohnen. Stattdessen erwarb er wenige hundert Meter weiter einen anderen Barockpalast, den Palazzo Grazioli, und ließ ihn vom bevorzugten Innenarchitekten des Regisseurs Luchino Visconti einrichten. Stilrichtung Mailänder Neobarock.

Von seinen Mächtigen hat sich Rom niemals zur Kulisse herabwürdigen lassen, vielmehr ist die Stadt der lebendige Beweis für die Vergänglichkeit aller weltlichen Macht. »Das Gewordene gewann stets Oberhand über das Gemachte«, hat der Kunst- und Architekturhistoriker Andreas Tönnesmann festgestellt, und der Dichter Petrarca berichtete nach seiner Ankunft im Jahr 1337 einem Freund: »Rom war wirklich größer, als ich glaubte, und größer sind seine Trümmer!«

So wie einst die Tempel und Triumphbögen des Weltreiches zerfielen und das Forum Romanum zur Viehweide verkam, so zerbröselt heute Benito Mussolinis Residenz, die Villa Torlonia an der Via Nomentana. Aus dem Mausoleum des Kaisers Hadrian wurde eine Feste der Zuflucht für die Päpste, aus der päpstlichen Sommerresidenz der Palast des Königs und später der Sitz des Staatspräsidenten. Das Oberhaus des Parlaments, der Senat am Corso del Rinascimento, ist in einem Medici-Palast ansässig, der später von den Farnese erworben wurde. Er heißt aber nicht »Senatspalast«, sondern Palazzo Madama, benannt nach Margherita, einer Tochter Karls V., die Ottavio Farnese geheiratet hatte. Das ist nun auch schon ein Weilchen her. Die Hausherren im Palazzo wechselten seitdem, aber der Geist von Madama blieb. Sie hatte sich eben einfach beliebt gemacht in ihrer neuen Heimatstadt.

Das Herz der Innenstadt, zwischen der Piazza San Silvestro und der Piazza Navona, ist auf eine sehr unauffällige Weise von den Vertretern der Repubblica Italiana bevölkert. In Rom sitzen zwar neben den 619 Abgeordneten der Camera auf dem Montecitorio auch noch 323 Senatoren, denn Italien hat mehr Volksvertreter als etwa die USA – und übrigens die bestbezahlten Europas –, für die zudem noch unzählige *portaborse* (Taschenträger) und andere Bürokräfte arbeiten. Aber man bemerkt sie kaum, lediglich um die Mittagszeit, wenn die Trattorien und Cafés von Heerscharen eleganter Signori in dunklen Anzügen besetzt sind, während die Sekretärinnen sich an der Kasse schnell ein belegtes Brötchen für den *onorevole*, den Abgeordneten, einpacken lassen. An manchem uralten Palazzo im Regierungsbezirk weist nur eine kleine Messingplakette am Eingang darauf hin, dass hinter der schlichten Pforte eine Parlamentsfraktion oder auch ein Ministerium residieren.

Die Büros der Macht haben oftmals etwas seltsam Provisorisches: lieblos zusammengewürfelte Möbel, selten eine Garderobe, zu wenig Stühle und in irgendeiner Ecke garantiert Umzugskartons, die vergeblich darauf warten, ausgepackt zu werden. Als wenn es immer nur eine Durchgangsstation wäre – und in den langen Jahren, in denen Italien ständig wechselnde Regierungen mit allerdings fast gleich bleibendem Personal hatte, war das ja tatsächlich so. Heute finden es viele römische Politiker selbstverständlich, gleichzeitig einen Platz im italienischen Parlament und im Europaparlament zu Straßburg zu besetzen. Sie schauen sowohl bei der einen wie der anderen Veranstaltung gelegentlich vorbei. Bei wichtigen Abstimmungen aber sind sie alle da, und in den letzten Jahren der großen politischen Umwälzungen wurden manche Herren im hohen Haus auch schon einmal handgreiflich.

Es gibt aber andere Dinge, die die Römer an ihren *ono-*

revoli nicht ertragen können. Als Anfang der neunziger Jahre die Korruptionsskandale um die damaligen Regierungsparteien, die Christdemokraten und die Sozialisten, ruchbar wurden, knöpfte sich das Volk von Rom den Sozialistenchef Bettino Craxi vor. Auf dem Weg zu seiner Suite im Hotel Raphael wurde Craxi von einer wütenden Menge angespuckt und mit Münzen beworfen. Allzu lange hatten der Premier und seine Leute eine Verhaltensweise gepflegt, die in der Hauptstadt überhaupt nicht beliebt ist – das *lei non sa chi sono io*. Wörtlich übersetzt heißt das soviel wie: »Sie wissen nicht, wer ich bin«, und es bedeutet: »Du kleiner Tropf, mach mal halblang, denn du weißt ja gar nicht, welch großes Tier du gerade vor dir stehen hast.« Eingesetzt wird es vorzugsweise im Verkehr, am kalten Büfett auf einer Festgesellschaft, in der Schlange am Flughafen-Check-in, an der Kinokasse sowie nachts am Taxistand vor dem Senat. Wenn man einen in Jahrhunderten duldsam und tolerant gewordenen, aber niemals obrigkeitshörigen Römer richtig beleidigen will, muss man nur ein *lei non sa chi sono io* fallen lassen. Oder etwas Ähnliches, die Botschaft kommt schon an. Craxi und seine Genossen hatten es diesbezüglich übertrieben. Außerdem kamen sie aus Mailand. Und das ist nicht nur unerträglich. Es ist unverzeihlich.

Seit einigen Jahren begnügen sich die Mailänder nicht mehr damit, ihre Stadt als »moralische Hauptstadt« Italiens zu bezeichnen oder damit anzugeben, bei ihnen würde gearbeitet, während Römer nur Hauptstädter von Beruf seien. Eisiges Schweigen erntete etwa ein Professor aus Mailand, der von seinen römischen Kollegen zu einem Espresso an der Bar eingeladen wurde und angesichts des vollen Etablissements entrüstet ausrief: »Das kann doch nicht wahr sein, dass hier um elf Uhr morgens so viel los ist! In Mailand arbeiten um diese Zeit alle.« Na ja, das ist im Zweifelsfall sein Problem. Schwerer wiegt, dass in der Regierung, die ja in Rom residiert, die Separatistenpartei Lega Nord vertreten ist und auf die massive Verbreitung lombardischen Kulturguts pocht. Lombardisches! Kulturgut! Die Lega Nord hat schon gefordert, dass Nicht-EU-Ausländer Dialekt-Sprachtests bestehen müssen, um eine Aufenthaltsgenehmigung zu erlangen. Und ihre Funktionäre schicken ihre Kinder in eine Schule, in der die Weltsprache Lombardisch unterrichtet wird. Die Wetterdaten für Rom veröffentlicht die Lega-Nord-Zeitung *La Padania* stets im Auslandsteil, denn Rom ist für die Lega nur *Roma ladrona*, das räuberische Rom. Von wegen: Die Produktivität in der Hauptstadt sei weitaus höher als in Mailand, hat das Staatliche Statistikamt Istat herausgefunden. Nur reicher seien die Mailänder noch als die Römer. In der Hauptstadt nahm man das zur Kenntnis. Achselzuckend. Wie gesagt, man hat hier schon alles gesehen. Auf dem Montecitorio und anderswo, als es Mailand noch gar nicht gab, zu schweigen von der Lega.

Und dennoch tut sich etwas in Rom. Auf dem Kapitol, jenem edelsten aller sieben Hügel, wird die Zukunft für die Stadt entworfen, die nie in ihrer eigenen Vergangenheit erstarrt ist, von den Problemen der Gegenwart jedoch gelähmt erschien. Abgesehen von einem kurzen kommunistischen Intermezzo in den siebziger Jahren war Rom stets von den Christdemokraten regiert worden. Auch die Römer, die links wählen, sind im Grunde ihres Herzens konservativ und ihre angeborene Skepsis gegenüber den Regierenden macht stabile Mehrheiten so gut wie unmöglich.

Als Ende der Achtziger der Mailänder Sozialist Franco Carraro die Führung des Senats übernahm, begannen für die Kapitale Jahre der Depression. Zeitweilig musste Rom von einem Regierungskommissar verwaltet werden, das kulturelle und politische Leben der Stadt verödete. Das änderte sich, als 1993 der unabhängige Linke Francesco Rutelli auf dem Kapitol einzog, Spross einer alten römischen Familie und überzeugter Mofafahrer. Rutelli schaffte es, der Stadt zum Heiligen Jahr 2000 ein ganz neues Gesicht zu verleihen, er versammelte Urbanisten aus anderen europäischen Metropolen um sich, um endlich wieder zu betreiben, was jahrzehntelang vernachlässigt worden war: Stadtplanung. Sein Nachfolger Walter Veltroni hat gar die Verkehrserziehung der Römer auf seine Fahnen geschrieben. Das hatte sich noch keiner getraut, aber Veltroni hat auch schon durchblicken lassen, nach seiner Amtszeit wolle er nach Afrika auswandern. Auf was für Gedanken man kommen kann, als römischer Bürgermeister. Es muss wohl der Ausblick aus dem Amtszimmer sein, auf das direkt darunter liegende Forum Romanum. Die Trümmer des Imperiums, die Vergänglichkeit der Macht.

Piazza del Campidoglio

Es war einmal die Mamma – die römische Familie heute

Wo alle Wege hinführen, da wird geheiratet. Auf dem Kapitol, dem alten Caput Mundi. Die Braut erklimmt es gerade über die breiten Stufen, die Michelangelo entwarf und Mussolini verkürzen ließ. Unten liegt die letzte Ruine einer antiken *Insula*, rechter Hand das Marcellus-Theater und das ehemalige Ghetto, links erinnert eine Statue an den mittelalterlichen Revoluzzer Cola di Rienzo. Die Braut überschreitet lange Schatten. Eine französische Schulklasse applaudiert ihr auf dem steilen Weg in die Zukunft, sie winkt ihnen zu. Schon leuchtet ihr weißes Kleid zwischen den beiden Dioskuren, und oben, vor dem Konservatorenpalast, strafft sich der Bräutigam. Er steht schon länger da und wartet, so will es die Tradition.

An dieser Stelle muss gesagt werden, dass längst nicht alle Römer auf dem Kapitol heiraten. Aber es werden immer mehr. 1963 fanden nur verschwindende 2,8 Prozent aller Eheschließungen im Standesamt statt, und noch Anfang der neunziger Jahre lag dieser Anteil nur bei gut zwanzig Prozent. Die Zivilehe galt als *matrimonio* zweiter Klasse, und wer auf sich hielt, kam um die feierliche Messe in der Kirche nicht herum. Nach dem Konkordat zwischen Staat und katholischer Kirche in Italien vollzieht der Priester bei der Trauung nicht nur ein Sakrament, sondern auch einen zivilen Akt, und kirchlich getraute Italiener müssen deshalb, anders als die Deutschen, nicht eigens standesamtlich heiraten.

Die schönsten Kirchen in Rom, besonders die altchristlichen Basiliken, gelten als »Hochzeitskirchen« – Monate im Voraus sind sie ausgebucht, und wenn man in den »klassischen« Wochen im Mai oder September heiraten will, muss man unter Umständen Jahre vorher planen. Daran liegt es aber nicht, dass die standesamtlichen Hochzeiten im katholischen Rom mittlerweile fast gleichauf mit den kirchlichen liegen. Auch die Hauptstadt der katholischen Christenheit säkularisiert sich zusehends, außerdem werden die Brautpaare immer älter. Und mit zunehmendem Alter favorisieren sie die »kleine Hochzeit« auf dem Kapitol. So viele sind es geworden, dass die Stadtverwaltung einen zweiten Hochzeitssaal unweit der Caracalla-Thermen eingerichtet hat, damit, wer sich trauen will, nicht allzu lange warten muss.

Der rote Hochzeitssaal im Konservatorenpalast ist ganz mit Brokat ausgeschlagen. Das Brautpaar und die Festgesellschaft sitzen auf goldenen Stühlen. Die Zeremonie dauert dann, wie anderswo auch, nur zehn Minuten, in denen den Heiratswilligen ihre Rechte und Pflichten im Ehestand vorgetragen werden. Neben dem Standesbeamten steht ein Vertreter der städtischen Polizei. In Uniform, auf seinem Helm prangt das Stadtwappen mit den Buchstaben SPQR für: Senat und Volk der Stadt Rom. Und das ist schon sehr erhebend.

Auch im Computerzeitalter sind die Formulare, die die Eheleute ausfüllen müssen, sehr zahlreich und von riesigem Format. Bis das Brautpaar und die Zeugen alles unterschrieben haben, vergeht schon eine Weile, und bei manchen, die erst jetzt über Gütertrennung oder Gütergemeinschaft diskutieren, braucht es noch etwas länger. Wenn alles überstanden ist, gibt es für die Braut einen Blumenstrauß von der Stadt Rom. Und wenn sie dann endlich durch den Reisregen und unter den Jubelrufen *Auguri ai figli maschi!* (Söhne mögen euch beschert sein!) hinausgehen, liegt den Hochzeitern die Urbs zu Füßen. Nun geht es zum Bankett, das traditionell die Brauteltern bezahlen – die im Gegenzug bestimmen dürfen, wer eingeladen wird. Römische Hochzeiten sind deshalb meistens eine ausgesprochen formelle Angelegenheit, bei der es darum geht, an die fünfzehn Essensgänge hintereinander zu bewältigen und literweise *vino* aus den Castelli Romani hinunterzuspülen, ohne die Fasson zu verlieren. So als sollten die Brautleute spätestens jetzt spüren, dass der Ernst des Lebens unwiderruflich begonnen hat. Nach wochenlangen Vorbereitungen nebst dem dazugehörigen Terror der eigenen und der Schwiegerfamilie können die meisten Frischvermählten an ihrem angeblich schönsten Tag ohnehin kaum noch geradeaus schauen.

Dienstags und freitags ist es übrigens ziemlich leer im Roten Saal. An diesen Tagen heiraten nur Fremde, die aus aller Welt anreisen, um sich auf dem Kapitol zu vermählen. Römer glauben, die den Göttern Mars und Venus geweihten Tage (*martedì* und *venerdì*) könnten Unglück für die Ehe bringen. Statistisch ist das zwar nicht bewiesen, aber man weiß ja nie. Vielleicht liegt es an dieser Vorsichtsmaßnahme, dass die Scheidungsrate in Rom zwar kontinuierlich ansteigt, aber doch weit unter dem europäischen

Durchschnitt liegt. Die Familie geht den Römern noch immer über alles, auch wenn sie immer kleiner wird – die Hauptstadt liegt ungefähr im Landesdurchschnitt von 1,3 Kindern pro gebärfähiger Frau. Der stetige Abfall der Geburtenrate ist die vielleicht signifikanteste gesellschaftliche Veränderung der letzten Jahrzehnte. Italien überaltert, die Kapitale ist davon nicht ausgenommen, und nur die über 200 000 Studenten an den drei Universitäten senken ein wenig das Durchschnittsalter.

Von der italienischen Großfamilie hat einzig noch der Mythos überdauert, der aber hält sich hartnäckig. Römer sind ewig hin- und hergerissen zwischen dem Traum von der kinderreichen Familie und der Kinderfeindlichkeit ihres Alltags als moderne Großstädter, zwischen den Ansprüchen der eigenen Mamma und dem schlechten Gewissen gegenüber der Schwiegermutter, dem Drang nach Unabhängigkeit und der finanziellen Abhängigkeit von ihrer Ursprungsfamilie. Sie sind als Nesthocker berüchtigt, die mit dreißig noch bei Mamma wohnen. Und manchmal auch noch mit vierzig. Legendär ist in unserem Freundeskreis die Geschichte eines liebenswürdigen und äußerst belesenen Historikers, dem die Mamma im zarten Alter von siebenunddreißig Jahren die angezündete Morgenzigarette zwischen die Lippen schob. Weil er, verwöhnt von diesem Service, partout nicht ausziehen wollte, überließen ihm schließlich die Eltern ihre Wohnung. Mamma zog nach nebenan und kann so jederzeit nach dem Rechten sehen. Das Nesthockertum hat aber weniger mit dem *mammismo*-Klischee zu tun als mit den horrenden Wohnungspreisen in Rom bei äußerst überschaubarem Job-Angebot. Wer unter dreißig ist, kann es kaum schaffen, sich selbst zu ernähren – das Einstiegs-Nettogehalt etwa eines Grundschullehrers liegt bei tausend

Euro. Die Schere zwischen Einkommen und Lebenshaltungskosten geht immer weiter auseinander, und so können sich die wenigsten Jungen eine eigene Wohnung leisten.

Die wirtschaftliche Lage macht nicht selten aus Familien echte Zwangsgemeinschaften, auch die *separati in casa*, die im selben Haus getrennt lebenden Eheleute, nehmen wegen der verzweifelten Situation auf dem Wohnungsmarkt zu. Und wenn es gar nicht anders geht, zieht man eben eine Mauer, um jene Hälfte des eigenen Ichs nicht mehr ständig sehen zu müssen, die die längste Zeit die bessere gewesen ist. Scheidungskriege aber sind eher selten, schließlich war der Ehepartner, von dem man sich getrennt hat, einmal wichtiger Teil der Familie. Und mit der Familie überwirft man sich nicht. Nicht wenige getrennt lebende Paare lassen sich nicht scheiden, auch wenn sie zwischenzeitlich neue Beziehungen eingegangen sind. Die Scheidung wird mehr noch als die Trennung als drastisch und daher traumatisch empfunden. Man verabschiedet sich hier nicht gern endgültig.

Auch der Generationenkonflikt fällt eine Nummer kleiner aus. Man diskutiert mit den Eltern, aber man stellt sie niemals infrage. Und noch weniger verlässt man türenknallend das Elternhaus. Für die Töchter ist der eigene Vater das Modell, an das später der Ehemann nie heranreichen wird. Papà hat sie beschützt, umsorgt und wie eine Prinzessin gehätschelt, sie erst morgens zur Schule gebracht und später nachts aus der Disco abgeholt. Es gibt gestandene Frauen mittleren Alters, die bei einer Autopanne zu nächtlicher Stunde instinktiv sofort Papà Hilfe suchend anrufen, weil sie die Existenz ihres Ehemanns in der Aufregung schlicht vergessen haben. Umgekehrt ist der größte Albtraum jeden Römers ein Konflikt zwischen seiner Mutter und seiner Frau. Als erwachsener Mann behandelt er Mamma zwar mit leisem Spott leicht von oben herab. Das soll ihr signalisieren, dass er jetzt wirklich kein Kind mehr ist. Dabei bleibt er ewig ihres. Römisches Sprichwort: Hundert Kinder reichen nicht für eine Mutter, aber eine Mutter reicht für hundert Kinder. Ein uralter römischer Witz geht so: »Warum ist Jesus in Wirklichkeit ein Römer gewesen? Ganz einfach: Erstens ist er erst mit dreißig bei seiner Mamma ausgezogen. Zweitens dachte er ganz im Ernst, seine Mamma sei noch Jungfrau. Drittens hielt seine Mamma ihn für den lieben Gott.«

Die römische *famiglia* kann anstrengend sein, aber wer hier einheiratet, hat dennoch das ganz große Los gezogen. Er wird beschützt und umsorgt werden und sich vor allem nie wieder allein fühlen müssen. Eine kleine Meinungsverschiedenheit hier und da, gut, das muss es auch mal geben. Aber in den Grundfesten lässt sich eine Familie nicht erschüttern. Sie bietet ihren Mitgliedern ein Leben in jenen Bahnen, die Generationen und Abergenerationen vor ihr schon akzeptiert haben, ein Leben wie ein langer, ruhiger Fluss. Für jene, die nicht gleich an ihr ersticken, ist die *famiglia romana* eine der großen Integrationskräfte dieser Welt. Jeder hat hier seinen Platz mit ungeschriebenen Rechten und Pflichten. Ein System, das nie einer Reform bedurfte, um zu funktionieren.

Nach wie vor gehört es zum Generationenvertrag, die Kinder zu deren Hochzeit mit einer eigenen Wohnung zu beschenken. Traditionell übernimmt die Familie des Bräutigams den Kauf eines Apartments und die Familie der Braut die Möblierung. Nur so kann es gehen, dass achtzig Prozent der Römer in ihrer eigenen Wohnung leben. Die Einrichtung überlässt man Mamma, denn natürlich hat alles am Ende seinen Preis.

Diese *Do-ut-des*-Ordnung führt auf der anderen Seite dazu, dass die wenigsten alten Menschen ihren Lebensabend in einem Pflegeheim verbringen müssen. Kommt ein Familienmitglied ins Krankenhaus, so wird es ganz selbstverständlich von den anderen betreut – kein Römer würde etwa die kranke Großmutter, aber auch nicht seine alte Kinderfrau, im Hospital allein schlafen lassen oder ihr die Kost aus der Krankenhausküche zumuten. Hat nicht Aeneas, der Stammvater aller Römer, seinen alten Vater auf den Schultern aus dem brennenden Troja gerettet? Krankenpflege, Krankenwache und die Betreuung der Alten sind noch immer Gesetz in der *famiglia*, und nichts kann die Römer mehr entsetzen als Schilderungen von Altenheimen in Nordeuropa.

Die Macht der Familie bietet, anders als der von den Römern gering geschätzte Staat, Sicherheit und verlangt Unterwerfung. Doch das selbstverständliche Gleichgewicht dieser Antipoden ist gefährdet – durch die Emanzipation der Frauen. Das fängt mit den Großmüttern an, die keineswegs mehr als Babysitter für ihre Töchter und Schwiegertöchter zur Verfügung stehen, sondern selbst noch ihren Beruf ausüben. Für die jungen Frauen hingegen ist es inzwischen selbstverständlich zu arbeiten. Selbstverständlich und notwendig. Mit einem einzigen Gehalt kommt eine Familie in Rom nicht über die Runden, ein großzügiges Kindergeld, Erziehungsgeld oder Steuergeschenke für Familien wie in Deutschland gibt es in Italien nicht. Der Alltag einer jungen Mutter in Rom besteht wenig klischeegerecht aus Hetze zwischen Kindergarten, Büro und Supermarkt. Die statistischen Erhebungen über Mithilfe der Männer im Haushalt sind niederschmetternd. Immerhin gibt es die Ganztagsschule, die aber die Konservativen im Parlament neuerdings schon wieder abschaffen wollen.

Mamma, die mittags für alle Spaghetti kocht und anschließend die Söhne zum Fußballspielen schickt, ist nicht mehr. Und dennoch ist Mamma präsent und mächtig, denn die römische Familie funktioniert nach allen Regeln des Matriarchats. Es gibt Schwiegermütter, die sich ein Leben lang von ihren Schwiegersöhnen und -töchtern siezen lassen, ohne dass es ihnen einfallen würde, den Eltern ihrer Enkelkinder das vertrauliche Du anzubieten.

Respekt! Bei Mamma hat man sich zu Weihnachten einzufinden, an Ostern und zu Mariae Himmelfahrt an *Ferragosto* und vor dem Essen wäscht man sich gefälligst die Hände. Mit Mamma fährt man in die Ferien und sie dominiert die Reste der Großfamilie am Strand, in Ostia, am Circeo oder in Nettuno. Die Männer haben in den trägen Sommerwochen gar nichts zu sagen. »Aber seit meinem fünfundsiebzigsten Geburtstag«, hat ein alter Römer einmal seinem Schwiegersohn anvertraut, »wage ich es manchmal, meiner Frau zu widersprechen.«

Largo Fellini

Von Kultfilmen und Kirchenkinos

Man kann in Rom ins Kino gehen, ohne ein Wort Italienisch zu verstehen – es reicht, das Publikum zu erleben. Die Römer sind Cineasten, sie lieben das Kino so sehr, dass sie einen Filmkritiker zum Bürgermeister gewählt haben, und was man liebt, darüber diskutiert man. Erwarten Sie also keine weihevolle Stille, wenn Sie einen der zweihundertsiebzig römischen Kinosäle betreten. Schon zur Werbung gibt es Kommentare und nachher geht es erst richtig los. Schlechte schauspielerische Leistungen werden mit gnadenlosem Zynismus quittiert (»Geh lieber kochen!«), die Schönheit der Hauptdarstellerin wird hingegen freudig begrüßt (»Lecker!«), und wenn in einem Liebesfilm die Protagonisten allzu lange brauchen, um sich zu finden, werden sie aus dem Saal angefeuert (»Nun macht schon!«). Lauthals pflegen manche Zuschauer der im Saal versammelten Menschheit mitzuteilen, dass der Held aussieht wie der eigene Onkel Giovanni und dabei kommt der Film doch aus Amerika! Andere beschimpfen unverblümt den

Regisseur: *Che pizza*, wie langweilig. Dazu raschelnde Chipstüten und eine auf arktische Temperaturen eingestellte Klimaanlage, weil man sich auch im Kino wie zu Hause fühlen möchte. Mittendrin gibt es immer eine zehnminütige Pause, damit man sich in aller Ruhe und bei Licht darüber vergewissern kann, in welcher Gesellschaft man sich denn eigentlich befindet. Nicht zuletzt kommt der Eisverkäufer vorbei. Kino ist eine dialektische Angelegenheit, niemals nur stummes Konsumieren, denn auch die Zuschauer wollen ihre Rolle spielen. Wenn das Publikum wirklich ergriffen ist, gibt es am Ende nicht selten langen Applaus wie im Theater und wenn das Licht wieder angeht, haben alle rot geweinte Augen.

In einem kleinen Dorf unweit der Hauptstadt habe ich einmal die Vorführung des »Gladiator« erlebt, eines amerikanischen Action-Films, der im alten Rom spielt. Alle waren auf den Dorfplatz gekommen, hatten von zu Hause Stühle mitgebracht und warteten, während ringsherum die Straßenlaternen gelöscht wurden, auf das Ereignis. Die Leinwand war direkt neben der Kirche aufgebaut, ein klarer Sternenhimmel spann sich weit darüber und als der Hauptdarsteller Russell Crowe im Kolosseum gegen den Tyrannen Commodus kämpfte, herrschte auf der Piazza eine Atmosphäre wie im Stadion. »Los, gib's ihm«, feuerte das Publikum seinen Helden an, warnte ihn: »Pass auf! Da steht er!« und weinte über sein tragisches Ende.

»Der Gladiator« war in Rom ein Riesenerfolg und bis heute ertönt seine Filmmusik bei den Heimspielen des AS Rom im Olympiastadion. Überraschenderweise identifizieren sich die Römer nämlich mit einer fiktiven Vergangenheit, wie sie ihnen Hollywood präsentiert, auch wenn sie mit historischer Realität nichts zu tun hat. »Kleopatra«, »Quo Vadis« und »Ben Hur« sind auch hier Kinomythen, die absurderweise das Geschichtsbild vieler Römer geprägt haben und hartnäckig hält sich hier die Vorstellung, der grausame Nero habe haargenau so ausgesehen wie Peter Ustinov und der aufmüpfige Sklave Spartakus wie Kirk Douglas. Und die – immerhin auch schon ein halbes Jahrhundert alt – Liebesromanze »Ein Herz und eine Krone« von William Wyler mit Gregory Peck und Audrey Hepburn lieben die Römer so, dass im Winter 2004 eine Theatervorstellung über Wochen ausverkauft war, die das Hollywood-Melodram mit römischer Besetzung nachspielte.

Nicht wenige der alten Kino-Schinken über die Heroen der Antike wurden seinerzeit unter Mitwirkung einheimischer Statisten in Cinecittà gedreht, der legendären Filmstadt am südlichen Stadtrand. Seit ihrer Gründung im Jahr 1937 wurden über dreitausend Filme in Cinecittà vollendet, zweiundachtzig erhielten Oskar-Nominierungen, siebenundvierzig tatsächlich die begehrteste Auszeichnung des US-Kinos. Die Zeiten, als Cinecittà den Status eines europäischen Hollywood hatte, sind vorbei, aber heute ist die 400 000 Quadratmeter große Traumfabrik immerhin Marktführer in den Bereichen TV-Fiction, Videoclip und Werbespots. Und wenn es denn monumental werden soll, kommen die amerikanischen Regisseure. »Der Name der Rose« ist ebenso Made in Rome wie »Der englische Patient«, »Der Pate III«, Scorseses »Gangs of New York« oder Mel Gibsons umstrittene »Passion Christi«.

Und Fellini?, werden Sie jetzt fragen, schließlich stehen Sie, zumindest in Gedanken, auf dem nach ihm benannten Platz am Anfang der Via Veneto. »Largo Fellini« hat die Stadt Rom ihn nach Fellinis Tod im Jahr 1993 benannt, weil man die Via Veneto nicht umbenennen konnte, die Fellinis »La Dolce Vita« in der ganzen Welt bekannt gemacht hatte. Ja, der Meister drehte natürlich in Cinecittà, mehr noch: Cinecittà war ihm, dem Romagnolen und Wahl-Römer, eine dritte Heimat. »Amarcord«, »La Dolce Vita«, »Roma«, »Die Stadt der Frauen«, »Achteinhalb« – die Kulissen können Sie heute noch in Cinecittà bestaunen. Fellinis Kinowelt war in ihrer Übertreibung immer ein bisschen echter als die reale, und die Römer liebten ihn dafür. Anita Ekberg, die »Dolce Vita«-Walküre, geisterte durch die Männerphantasien einer ganzen Generation, die allzu gern auch mit ihr durch das römische Nachtleben gekurvt wäre, statt brav mit Mamma, Frau und Kindern zu Hause zu hocken. Und kaum einer, der sich nicht mit Marcello identifiziert hätte, sie alle fühlten sich für zwei Kinostunden so schön, so elegant, so voller Charme wie Mastroianni.

Als er starb, stand Rom still. Ein dreißig Meter langes, schwarzes Tuch verhüllte die prachtvolle Barockfassade der Fontana di Trevi, wo Mastroianni für Fellinis Kultfilm mit Anita Ekberg gebadet hatte. Im Wasser schwammen weiße Rosenblätter. Mastroiannis Leichnam wurde aus Paris, wo er gestorben war, in seine Heimatstadt zurückgebracht und auf dem Kapitol aufgebahrt. Zehntausende flanierten an seinem Sarg vorbei, eine unendlich lange Menschenschlange wartete draußen stundenlang geduldig auf Einlass. Es war, als sei mit Mastroianni ein Ur-Römer gestorben, ein Archetypus, von dem alle ein Stück besaßen oder doch zumindest besitzen wollten. So viele Rollen hatte er gespielt im Laufe seiner langen Karriere, einer Weltkarriere, die ihn seine Wurzeln nie verleugnen ließ. Den Latin Lover, den verfolgten Homosexuellen, den impotenten Sizilianer, später auch einen einsamen Großvater und einen antifaschistischen Journalisten. Alle seine Filme wurden große Erfolge in Rom. Es gab keine Ausnahme, keinen Flop. Und als er nach Frankreich zog, zu Catherine

Deneuve, als er neben seiner römischen Familie längst eine zweite, französische hatte, schwieg man in der Heimat diskret dazu. Seine Frau Flora hatte er ja nie wirklich verlassen, sich niemals scheiden lassen. Ein römischer Familienvater also durch und durch, der elegant auch die Untiefen des eigenen Lebens zu umschiffen wusste. Selten sind die Römer auf einen der Ihren so stolz gewesen wie auf Marcello Mastroianni. Und weil wir gerade bei Beerdigungen sind, diesen inbrünstigen, letzten Inszenierungen, die Römer fast noch verschwenderischer und emotionaler zu gestalten pflegen als die prunkvollste Hochzeit: Als Fellini starb, wurde sein Sarg nach Cinecittà getragen, in einen Saal, den man mit einem azurblauen Himmel geschmückt hatte. Tausende kamen zu ihm herausgefahren mit der Metro Linie A, Alte und Junge, hohe Politiker und das *popolino*, kleines Volk. Die riesige Piazza San Giovanni, auf der früher die Gewerkschaften ihre Mai-Kundgebungen abhielten, aber vermochte nur einer zu füllen: Alberto Sordi, der römischste aller Schauspieler, weltbekannt in seiner Heimatstadt und für den unwissenden Rest nur einer aus der zweiten Reihe. Viele Filmsprüche Sordis sind sogar inzwischen in den allgemeinen Sprachgebrauch eingegangen.

Sordi, der nie heiratete, sich stattdessen von seiner Mutter und seinen ledigen Schwestern verwöhnen ließ, dessen Geiz genauso sprichwörtlich war wie seine Frömmigkeit und die Affinität zum AS Rom, war als Inkarnation des römischen Kleinbürgers ein Antipode zum weltläufigen Mastroianni. Auch er arbeitete mit Fellini (»Die Müßiggänger«, 1953). Aber seine Paraderolle war nicht der lässige Latin Lover, sondern der verschuldete, untalentierte und wurstige Familienvater Peppino aus der Peripherie, der sein Glück im Kartenspiel mit einer steinreichen, alten Amerikanerin versucht – in Luigi Comencinis »Lo scopone scientifico« (Teuflisches Spiel, 1972) mit Silvana Mangano und Bette Davis.

Zu Sordis Totenfeier im Februar 2003 versammelten sich auf der Piazza San Giovanni 200 000 Trauernde. Über ihnen kreiste ein Flugzeug, das im Vorfrühlingswind ein Spruchband flattern ließ. »Diesmal bringst du uns zum Weinen«, stand darauf.

Nein, die Römer lieben ihre Politiker, ihre Intellektuellen nicht. Dafür lieben sie ihre Künstler umso mehr und von allen Künstlern stehen ihnen die Fußballer und die Schauspieler am nächsten. »Das Herz der Verlagsindustrie schlägt nicht in Rom, doch das Kino füllt diese sozio-kulturelle Lücke, indem es nicht nur Arbeit vergibt, sondern auch kreative Okkasionen«, hat der Kulturjournalist Francesco Erbani festgestellt. Tatsächlich sind die großen italienischen Verlagshäuser vor allem im Norden ansässig, während Rom bis heute Italiens Filmstadt Nummer eins ist. Eine Tradition, die mit dem Neorealismus von Rossellini (»Roma – Città Aperta«) und Vittorio De Sica (»Fahrraddiebe«) begann, und sich in mehr oder weniger offenem Konflikt mit der Kirche fortsetzte. Denn auch das ist eine Spezialität des römischen Kinos – die dauernde, mit den Jahren indes nachlassende Auseinandersetzung mit den Zensoren des Vatikans. Andererseits überlebt nur hier, und in keiner anderen europäischen Stadt, das *cinema parrocchiale*, das Phänomen des Kinosaals in der Kirchengemeinde. Und gerade diese »Kirchenkinos« sind heute wirklich unabhängige Kinos, die jene Filme zeigen, welche sich im Verleih gegen den amerikanischen Mainstream nicht durchsetzen konnten.

Das monumentale, touristische Rom hat im Kino der Neorealisten keine Rolle gespielt – bei Fellini wurde es als satirische Kulisse benutzt und von Pasolini nur noch zitiert, als Ruinen in der poetisch harten Landschaft der subproletarischen *borgate*. Seine Filme, allen voran »Mamma Roma« mit der hochverehrten Anna Magnani werden in den Programmkinos der Hauptstadt regelmäßig gezeigt. Szenen aus »Accatone« und »Mamma Roma« gehören zum kollektiven Gedächtnis der Stadt. Alle modernen römischen Regisseure haben von Pasolini gelernt, auch wenn sie ihre Filme neuerdings von der Peripherie wieder ins Zentrum verlegen. Pasolinis *borgate* existieren nicht mehr, der Stadtrand von Rom sieht heute nicht anders aus als der in Marseille oder Madrid, gesichtslose Hochhäuser, umbraust von großen Straßen.

Nanni Moretti, der Regisseur, Schauspieler und Kinobesitzer (Nuovo Sacher) hat Pasolinis Denkmal in Ostia, an der Stelle, wo der Schriftsteller und Regisseur von einem römischen Strichjungen ermordet wurde, sogar als Ziel einer langen Vespafahrt durch Rom gezeigt. In seinem Episodenfilm »Caro Diario« (Liebes Tagebuch, 1993) durchquert Moretti eine vollkommen leere Stadt (gedreht wurde an einem 15. August, dem Tag, an dem traditionell ganz Rom am Strand liegt) und er hält in Prati an, in Garbatella. »Am liebsten schaue ich mir Häuser und Stadtviertel an«, sagt Moretti im Film. »Und das Viertel, das mir am meisten von allen gefällt, ist Garbatella«, das einstige Kleinbürgerviertel nahe der Paulusbasilika. Es geht weiter in den Süden, nach Casalpalocco, dem Viertel, in dem die neureichen Fußballprofis wohnen. »Casalpalocco: Wenn ich an diesen Häusern vorbeifahre, bekomme ich den Geruch von Trainingsanzügen in die Nase, den Geruch von Videokassetten, von Hunden, die die Gärten bewachen, und Fertigpizzas in großen Kartonschachteln.«

In seinem kleinen Roadmovie fährt Moretti zwar auf Pasolinis Spuren, aber in Wirklichkeit hat er ihn längst hinter sich gelassen. Lange Zeit war der Regisseur nur für ganz bestimmte, römische Kreise ein Kultstar, für die Generation der heute knapp fünfzigjährigen Nach-68er. In seinen frühen Filmen gab Moretti den ödipalen Stadtneurotiker Michele Apicella, dessen Lebensgefühl nur in ganz bestimmten römischen Vierteln von ganz bestimmten jungen Männern geteilt wurde, dafür aber total.

Wegen Moretti wurden Reisen zu Verwandten nach Paris angetreten (»Dann siehst du endlich Ecce Bombo, mein Bruder hat die Kassette.«) Wegen Moretti gab es Streit unter angehenden Eltern (»Nennen wir unsere Tochter doch Bianca, nach Morettis Film.« – »Bist du verrückt? Die bringt er doch um, zum Schluss.«) Morettis Helden hatten Probleme wie »Bemerkt man mich mehr, wenn ich hingehe oder wenn ich nicht hingehe«, typische Konflikte einer römischen Alternativ-Boheme, die mit ihrem Idol älter geworden ist und immer noch rituell Sachertorte verspeist. Auf Römisch »Saker«. »Und du? Was machst du so?« – »Ach, ich tu mich um, treffe Leute…« Zwischenzeitlich ist der Regisseur politisch aktiv geworden. Bei einer Kundgebung der Linksdemokraten auf der Piazza Navona stürmte Moretti plötzlich die Bühne und stauchte die dort versammelten Politiker zusammen: »So lange ihr da oben steht, werden wir nie die Wahlen gewinnen.« Es war eine starke Szene, wie aus einem seiner Filme. Danach wurde der Künstler Nanni Moretti Anführer einer Protestbewegung gegen den Medienmogul Berlusconi, der auch in Rom viele Kinos betreibt, und brachte viele tausend Menschen zum Demonstrieren auf die Straße. Wie gesagt, die Römer mögen lieber echte Schauspieler als Politiker. Und was den amtierenden Bürgermeister Walter Veltroni angeht, den Filmkritiker und Cineasten – so brachte er als Chefredakteur der *Unità* vor einigen Jahren

Videokassetten mit den Meisterwerken des italienischen Kinos als Dreingabe zu seiner Zeitung unters Volk. Allen voran »La Dolce Vita«, »Fahrraddiebe« und »Teuflisches Spiel«.

Piazza Bocca della Verità

Die Macht der Bürokratie

Im Briefkasten liegt ein gelber Zettel. Ein Einschreiben ist angekommen, beim nächstgelegenen Postamt bitte bei Schalter 41 abholen, innerhalb der folgenden dreißig Kalendertage zu den üblichen Öffnungszeiten. Den gelben Zettel mitbringen und ein Ausweisdokument. Ich muss mich erst mal setzen. In den Terminkalender schauen. Gelbe Zettel soll es ja überall geben auf der Welt, aber nicht überall sind sie deshalb eine kartongewordene Drohgebärde. So wie hier. »An der Post erwarten uns kilometerlange Schlangen, um das abzuholen, was uns die faulen Postboten nicht persönlich überreichen wollten«, ereiferte sich ein Leser in einem Brief an die Tageszeitung *Repubblica* und forderte: »Basta mit dem Postboten-Faulenzertum zulasten der Kundschaft!«

Hier geht man nicht einfach mal eben so zur Post. Der Besuch will geplant sein, und zwar an einem Tag, an dem man sonst nicht mehr viel vorhat. Es kann Stunden dauern, wenn man am falschen Tag zur falschen Uhrzeit das falsche

Postamt betritt – und die Schalterhalle mit Hunderten von Rentnern gefüllt ist, die ausgerechnet jetzt ihre sauer verdiente Pension abholen wollen. Abholen! Wieso haben diese Menschen kein Konto, auf das ganz automatisch einmal im Monat die Rente fließt! Pünktlich. Ohne Wartezeit, ohne Schlange?

Auch die Stichtage für Telefon- und Gasrechnungen sind ganz schlecht. Die jeweiligen Beträge könnte man sich auch einfach vom Konto abbuchen lassen. Aber die Römer misstrauen den Banken noch mehr als den Politikern. Deshalb gibt es hier Leute, die sich ein Zubrot verdienen, indem sie sich für diejenigen in die Schlange stellen, die sich keinen halben Tag freinehmen können, um zu verhindern, dass ihnen ruck, zuck der Gashahn abgestellt wird. Das geht nämlich erstaunlicherweise ganz schnell.

Eine Rechnung nicht bezahlt – und das Licht geht aus oder die Telefonleitung bleibt tot bis auf eine blechern klingende Automatenstimme, die autoritär verkündet: Sie sind nicht mehr befugt, auf dieser Leitung Gespräche zu führen. Ist mir schon zweimal passiert und zu meiner Entschuldigung möchte ich betonen: Die Rechnungen waren gar nicht angekommen. Man kann aber in so einem Fall nicht diskutieren, sondern muss ganz schnell bezahlen, was einem der mit dem Handy ermittelte Kundenservice der Telecom Italia abverlangt, und ein Fax schicken, das die Zahlung belegt. Nach drei Tagen stellen sie einem gegen eine kleine Verwaltungsgebühr das Telefon wieder an. »Und bitte sorgen Sie doch dafür, dass die nächste Rechnung ordnungsgemäß bei Ihnen ankommt.«

Vielleicht wartet diesmal eine Mahnung beim Schalter 41. Man weiß ja nie. So ein Vormittag bei der Post ist immer ganz ertragreich, menschlich gesehen. Man lernt jede

Menge Leute kennen, die nach Schalter 22 suchen oder Briefmarken kaufen wollen, was ein Fehler ist, denn Briefmarken kauft man in Rom nicht auf dem Postamt. Sondern zeitsparend im Tabakladen. Auf der Post beschäftigt man sich also ausdauernd mit anderer Leute Sorgen, um die eigenen zu vergessen. Man muss nur aufpassen, dass man nicht plötzlich für jemand anderes in der Schlange ansteht. »Nur ein Momentchen, bitte, muss mal eben rausgehen zum Telefonieren, hier drinnen ist der Empfang so schlecht.«

Aus tiefstem Herzen verabscheuen Römer Schalterbeamte und andere Bürokraten, aber sie dürfen es ihnen nicht zeigen. Sonst lässt der Mensch auf der anderen Seite sie ungerührt verhungern. Er hasst seinerseits nämlich seine Kundschaft, weil sie jenes Amt nach wenigen Stunden wieder verlassen darf, in dem er einen guten Teil seiner Lebenszeit verschwenden muss. Der Schalterbeamte zahlt das der Kundschaft heim, indem er das Wort »Service« lässig mit *demostrazione di potere* übersetzt, Machtdemonstration. Zappeln lassen, Proteste überhören, niemals lächeln, niemals grüßen. Dabei ist ein Arbeitsplatz bei der Post beliebt. *Un posto dalle poste* – und man muss sich keine Sorgen mehr machen im Leben. Festes Gehalt, humane, nicht durch Überstunden verzerrte Arbeitszeiten, und regelmäßig wird gestreikt, damit das auch so bleibt.

Zu den nationalen Prüfungen, um eine Stelle im öffentlichen Dienst zu erhalten, strömen jedes Mal Tausende von Bewerbern in das Hotel Ergife am nördlichen Stadtrand, gleichgültig, ob es um einen Posten als Verkehrspolizist geht oder um einen Wettbewerb für Friedhofsgärtner. Es ist schwierig hineinzukommen, aber wer einmal drin ist, den bewegt nichts mehr weg. Meine ehemalige Vermieterin Franca etwa hatte bei einem solchen *concorso* einen Platz als Grundschullehrerin ergattert. Als die Schule, bei der sie angestellt war, umzog, ging Franca nicht mit. Sie weigerte sich einfach. »Ich kann doch nicht durch die ganze Stadt zur Arbeit fahren«, sagte sie in einem Ton, als sei diese unverschämte Zumutung eine persönliche Beleidigung. Franca beschloss, den absurden Umzug einfach zu ignorieren. Jeden Vormittag spazierte sie, als wenn überhaupt nichts gewesen wäre, auf die andere Straßenseite in ihre alte Schule. Wo sie allein war, denn das riesige Schulgebäude stand vollkommen leer. Franca erledigte dort, wie sie es nannte, »die Abwicklung«. Nach einigen Jahren sprach sie etwas verschwommener von »allgemeinen bürokratischen Aufgaben«. Sie war im Staatsdienst, und deshalb immer äußerst korrekt angezogen. Nachmittags ging Franca dann aber arbeiten, im Reifenhandel ihres Mannes.

Tief Luft holen und hinein. Im Postamt gibt es jetzt Nummern für die Wartenden. Ich ziehe eine aus einem gelben Automaten mit modernem Design. Auf meinem Zettel steht C 6. Hmmm. Und wie passt C 6 zu Schalter 41? Und wo ist überhaupt Schalter 41? Ich gehe dahin, wo die längste Schlange steht. Die längste Schlange ist immer meine, soviel habe ich gelernt. Aber an dem Schalter steht die Nummer 22. »Kann man hier eine Postsendung abholen?«, frage ich den Mann vor mir. Er kommt aus Sri Lanka und weiß es auch nicht. »Schalter 41 ist im anderen Teil der Halle«, sagt weiter vorn eine Signora. Brav trabe ich dahin, aber im anderen Teil der Halle kann man nur sein Geld in die italienische Post investieren und das möchte ich mir lieber nochmal überlegen. Also zurück. Schalter 22 ist richtig, merke ich nach einer Weile. Die Zahl 41 wurde dort einfach nur mit einem Papierschild überdeckt. Ich habe offensichtlich doch etwas zu lange gewartet mit meinem Gang zum Postamt, denn die Systematik hat sich schon wieder geändert.

Vorne steht jetzt die Frau von unserem Käsehändler. Sie muss zwei Einschreiben abholen und braucht dafür zwanzig Minuten. Das heißt: nicht sie, sondern die Frau hinterm Schalter. Mehrfach muss sie sich mit ihrer Kollegin beratschlagen, die hinter dem zweiten Schalter von Schalter 41 sitzt, aber kurzerhand mal geschlossen hat und mit sichtlichem Genuss ein *panino* verzehrt. Die beiden Frauen haben wohl ein gutes Arbeitsverhältnis, sie lachen und scherzen miteinander. Ob es um die Einschreiben geht? Jedenfalls ist es menschlich bereichernd.

Die Käsehändler-Frau sieht das nicht so und beginnt, mit ihren beringten Fingern auf das Brett vor dem Schalter zu trommeln. Ich überlege, ob der wohl aus Panzerglas besteht. Die Käsehändler-Frau trommelt weiter. Die Schalterfrauen lachen weiter. Wie lange dauert's noch?, fragt die Käsehändler-Frau. Die Schalterfrauen starren sie an. Vielleicht hatten sie sie vergessen. Jedenfalls geht jetzt die ohne *panino* zum Regal, in dem die Einschreiben liegen. Mit provozierender Langsamkeit holt sie erst den einen Brief und legt ihn vor die Kundin. Dann geht sie nochmal los und holt den anderen. Zum Schluss sagt die Käsehändler-Frau nur: Mamma mia. Immerhin, sie hat es hinter sich.

Der aus Sri Lanka wird wieder weggeschickt. Er sollte etwas für seinen Arbeitgeber abholen, hatte einen Pass dabei, aber keine Vollmacht. Tja, wenn das so einfach wäre. Danach bin ich dran. Die elektronische Nummernanlage war übrigens ausgeschaltet, die funktioniert ja auch nicht immer. *Buongiorno*, sage ich. Die Schalterfrau wertet das als schleimige Anbiederei und sagt nichts. Sie schaut auf meinen Pass und zieht die Augenbrauen hoch. Was 'n das für ’n Name, sagt sie. Ein deutscher Name, sage ich. Sie brummt umgotteswillenmussdasseinwarumgerade ich, und geht nach hinten. Meine Postsendung findet sie sofort. Ein Brief aus Polen. Mir fällt ein Stein vom Herzen. Da ist sie schon wieder weg, mit der anderen quatschen, die zwischenzeitlich aufgegessen hat. Fünf Minuten vergehen. Zehn Minuten. Schon gut, ich werde bis zum nächsten Mal meinen Nachnamen ändern, aber geben Sie mir endlich meinen Brief! Oder behalten Sie ihn, verdammt, es ist ja sowieso keine Mahnung von der Telecom! Das sage ich alles natürlich nicht. Ich denke es nur. Was die menschliche Bereicherung angeht, so hat mir der Besuch bei der Post die zugegeben etwas ungeduldige Solidarität der Schlange hinter mir gebracht und das Beherrschen-Lernen von Aggressionen, die aus meiner preußischen Kindheit stammen müssen.

Auf der Via Nazionale / Ecke Via Genova schlafen jede Nacht Dutzende von Ausländern. Sie wollen morgens die Ersten sein, wenn im Ausländeramt der Questura die Nummern für die Warteschlange zur Aufenthaltsgenehmigung vergeben werden. Die römische Bürokratie trifft die Schwächsten am härtesten, und da geht es dann nicht so folkloristisch zu wie beim Besuch eines deutschen Touristen, dem gleich bei seiner Ankunft auf dem Bahnhof Termini die Brieftasche abgenommen worden war, auf dem Polizeirevier unweit der Piazza Ungheria. »Wissen Sie«, sagte der Polizeibeamte, der die Diebstahlsanzeige auf vier Formularen mit Kohlepapier entgegennahm, »bei uns dauert alles so lange und ist alles so kompliziert, weil wir zweitausend Jahre Bürokratie mit uns herumtragen. Das muss man erst mal bewältigen. Innerlich, meine ich.« Vielleicht liegt es daran, dass sich in den Zimmern, Kellern und Korridoren des römischen Justizpalastes Akten von über 700 000 laufenden Verfahren stapeln. Deshalb kann es gut und gern zehn, zwölf Jahre dauern, bis eine Zivilklage ihr erstinstanzliches Urteil erfährt. Weil in Italien erst die dritte Instanz rechtskräftig wird, kann es vorkommen, dass immerhin die Enkel eines Klägers oder Beklagten Recht bekommen.

In »Asterix erobert Rom« stellt der Gesandte Cäsars Asterix und Obelix eine Aufgabe, die sie erfüllen müssen, um von Cäsar wie Götter behandelt zu werden. Er bestellt sie zu einem römischen Palazzo, der der *Anagrafe* (Einwohnermeldeamt) unweit der Piazza Bocca della Verità nicht unähnlich sieht und aus dem lauter irrsinnig gewordene Römer herauswanken. »Wer hier rauskommt, ist gewöhnlich bekloppt«, sagt der Gesandte sinngemäß. »Wenn ihr es aber schafft, euch den Passierschein Nummer 35 auf blauem Formular zu besorgen, soll eure Aufgabe als gelöst gelten.« Die Gallier schaffen es natürlich, indem sie die römischen Bürokraten mit ihren eigenen Waffen schlagen. Am Ende sind die Beamten wahnsinnig geworden und die Barbaren winken mit dem richtigen Formular.

Als ich nach Rom zog, musste ich mich bei der Krankenkasse melden, um einen Auslandskrankenschein zu bekommen. Ich legte der zuständigen Signora die notwendigen Papiere vor und schilderte ihr meine Lage. Sie lächelte. Immerhin. Ich redete weiter. Sie lächelte. Wortlos. Ich nahm einen neuen Anlauf und umschrieb die Situation mit anderen Worten. Sie lächelte immer noch. Nach einer ganzen Weile bemerkte ich, dass die Signora taubstumm war. Die Ausländerabteilung in der römischen Krankenkasse wurde von einer taubstummen Dame geleitet. Nach dem Motto: Wer kein Italiener ist, den müssen wir sowieso nicht verstehen.

Inzwischen hat sich natürlich vieles geändert. Im Steuerbüro haben sie das große Pappschild abgenommen, auf dem in großen Blockbuchstaben stand: »Hier werden keine Informationen erteilt.« In den Polizeistuben hängt ein Kalender mit Polizei-Karikaturen. »Wie uns die anderen sehen«, lautet die Überschrift. Auf der Anagrafe braucht man nicht länger zwei Zeugen, um ein uneheliches Kind anzumelden, und im Krankenhaus muss man nicht mehr drei handgemalte Bögen vom Einwohnermeldeamt vorlegen, um sein eigenes Kind mit nach Hause nehmen zu können. So lange es nicht ordnungsgemäß angemeldet ist, gehört es nämlich dem Staat. Ein ziemlich diskutierwütiges römisches Paar, das sich nicht auf einen Vornamen für seinen neugeborenen Sohn einigen konnte, hat den armen, namenlosen Kleinen deshalb drei Tage lang im Krankenhaus gelassen. Es war ein unnützer Akt des Widerstands gegen die Bürokratie und zum Schluss nannten sie ihn ziemlich phantasielos Francesco nach dem verstorbenen Großvater.

Heute hat die Stadt Rom ein Bürgertelefon. Wenn man da anruft, hört man: »Buongiorno, Bürgertelefon der Stadt Rom, hier spricht Giuseppe. Wie kann ich Ihnen helfen?« Beim ersten Mal ist mir fast der Hörer aus der Hand gefallen. Es war dann aber doch nicht so wild. Giuseppe erklärte mir mit professionell freundlicher Stimme, er könne mich jetzt nicht zum städtischen Wahlamt durchstellen. »Aber ich brauche sofort meine Unterlagen. Die Wahlbenachrichtigung ist erst heute angekommen und heute läuft auch die Frist für den Wahlschein ab.« Dass ein Einschreiben mit der Wahlbenachrichtigung von einem römischen Viertel zum anderen sechs Wochen unterwegs ist, fand Giuseppe normal und deshalb nicht weiter kommentierungswürdig. »Aber das Wahlamt ist jetzt schon geschlossen, Signora.« –

»Wieso denn«, fragte ich. »Auf dem Brief steht von acht bis 18 Uhr.« – »Kann schon sein«, sagte Giuseppe gedehnt. »Aber in Wirklichkeit schließt man freitags um zwölf.« Wie beruhigend.

Piazza Trilussa

Am Anfang war das Wort

Als Ausländer muss man vorsichtig sein mit dem Romanesco und ganz besonders in einer so genannten formalen Situation. Die formale Situation erwischte mich, als ich, frisch in Rom angekommen, aus dem Büro einer großen Nachrichtenagentur die Pressesprecherin des damaligen Gesundheitsministers anrief und um die Zusammenstellung einiger Daten bat. Ich weiß nicht mehr genau, welche Zahlen mir die Signora durchgab, jedenfalls muss ich davon so beeindruckt gewesen sein, dass ich mit einem Wort darauf reagierte, das ich am Tag zuvor von meinen römischen Freunden aufgeschnappt hatte und für ziemlich passend hielt. Ich sagte: *»Ammazzate!«* Ein Ausdruck des Erstaunens, so hatte ich es mir gemerkt, die wörtliche Übersetzung kannte ich aber nicht. Das Wort hatte eine durchschlagende Wirkung. Die Dame aus dem Ministerium schnappte nach Luft und sagte dann sehr gespreizt: »Complimenti, Signorina, Sie haben unsere Sprache ja wirklich gut gelernt.« Das war gemein. Beim nächsten Regierungswechsel war sie dann weg. Das war gerecht. Und ich habe nie wieder *ammazzate!* gesagt, außer im Straßenverkehr und im Stadion.

Da gehört es auch hin. *Ammazzate* heißt nämlich: »Bring dich um.« *Ammazzatelo*, soll das Volk in der Gladiatorenarena gerufen haben, wenn es den Daumen nach unten drehte: »Bringt ihn um!« Heute wird das Wort im Dialekt in verstärkender Absicht benutzt. »Es ist eines der meistgebrauchten Ausdrücke des Romanesco«, schreibt der Linguist Fernando Ravaro in seinem himmlischen »Dizionario Romanesco«, seinem Wörterbuch des Romanesco. Das bedeute aber keineswegs, dass die Römer besonders blutrünstig wären: »In Wirklichkeit beschränken sie sich darauf, etwas verbal umzubringen.« Und sehr korrekt übersetzt das Wörterbuch mein *ammazzate* als »Ausdruck des Erstaunens und Verwunderns«. Einen echten Römer, so heißt es weiter, könne man daran erkennen, wie schnell und überzeugend er ein *mavammoriammazzato!* herausschleudern könne, jene typisch römische Verwünschung, die mit dem wörtlichen »Ach lass dich doch umbringen« nur unzureichend übersetzt ist. Sicher haben Sie jetzt schon gemerkt, dass das Romanesco keine sonderlich elegante Angelegenheit ist. Ich warne deshalb noch einmal ausdrücklich vor seiner unmittelbaren Anwendung. Die Folgen könnten verheerend sein, je nachdem, an wen Sie geraten, besonders im Straßenverkehr oder im Stadion. Es handelt sich hier lediglich um eine Einführung ins passive Romanesco, *mannaggia!*

Letzteren Ausruf werden Sie öfter zu hören bekommen, besonders um die Piazza Trilussa, die nach einem der größten römischen Dialektdichter benannt ist und in Trastevere liegt, dem Viertel jenseits des Tibers, wo das Romanesco noch inbrünstig gepflegt wird. Trilussa ist das Anagramm von Carlo Alberto Salustri (1871–1950), der den saftigen Dialekt seiner Heimatstadt zu Versen schmiedete.

Trilussas Vater war Diener beim Marchese Ermenegildo De' Cinque und starb, als der kleine Sohn erst drei Jahre alt war. Da nahm der Marchese den Jungen Carlo in seinem Palazzo an der Piazza di Pietra unweit des Pantheons auf. Doch Trilussa wurde rasch selbständig. Mit fünfzehn verließ er die verhasste Schule, in der er zweimal sitzen geblieben war, und nahm sich mit der Mutter eine Wohnung. Als die Mamma starb, war Trilussa einundvierzig und ein über die Grenzen seiner Heimstadt bekannter Dichter.

Jahrelang erschienen Trilussas Spottverse, die den wurstigen Pragmatismus der römischen Gesellschaft so treffend karikierten, allwöchentlich auf der Dritten Seite der Tageszeitung *Il Messaggero*. Knapp drei Wochen vor seinem Tod wurde der Dichter seiner literarischen Verdienste wegen zum Senator auf Lebenszeit berufen. Trilussa reagierte wie eine seiner Figuren. *»Semo ricchi!«*, rief er, als die Nachricht eintraf, seiner Haushälterin Rosa zu, »Wir sind reich!« Es reichte dann aber nur zu einem einzigen Senatoren-Monatsgehalt, *mannaggia*.

Übrigens – was das *mannaggia* angeht – so handelt es sich um einen Ausruf der Enttäuschung und des Schmerzes, der auf das lateinische *male habeat* zurückgeht (»auf dass es ihm schlecht gehen möge«). Gern wird *mannaggia* in Verbindung mit *la miseria* benutzt. Schlecht ergehe es der Armut! und aller Ursprung ist Latein.

Richtig, die Römer sind die direkten Erben der alten Weltsprache Nummer eins, und das Erlernen von Lateinisch und Griechisch im *liceo classico* gehört für die Sprösslinge des Bürgertums auch heute noch zum unverzichtbaren Ausbildungsgepäck. Nur sprechen sie es anders aus als wir, das Latein. Während die Altphilologen an meiner

Schule noch mit heiligem Ernst darüber stritten, ob wir den alten Gajus Julius nun »Zäsar« oder »Käsar« nennen sollten, sagt man in Rom ganz selbstverständlich »Tschèsare«. Und wer weiß, wer Recht hat, ganz so viele Tonbandaufnahmen aus SPQR sind ja doch nicht überliefert. (Die »Käsar«-Anhänger wiederum behaupten, sie hätten ihre Lautsprache von den Griechen, die ihrerseits lateinische Wörter übernahmen und nach Gehör schrieben. Und wollen damit päpstlicher als der Papst sein …) Noch heute ist Lateinisch die Amtssprache im Vatikan, wo sich die Gelehrten um die Weiterentwicklung dieser angeblich toten Sprache bemühen. Und manche sprechen es immer noch fließend.

Keinen lateinischen Ursprung indes hat vermutlich der römischste aller Sprüche *chi se ne frega.* Wen juckt das denn. »Der charakteristischste römische Ausdruck«, belehrt uns das Wörterbuch, »der den Geist des Römers am allerengsten widerspiegelt: unerschütterlich, wenn auch nicht gleichgültig gegenüber Menschen und Geschehnissen aller Art, Erbe einer tausendjährigen Geschichte, in deren Verlauf das Volk viel gesehen hat. Nichts und niemand kann es noch erstaunen, verwundern, beeindrucken oder beängstigen.«

Gern wird das *Chissenefrega* mit einer kurzen Bewegung der gekrümmten Hand unterm Kinn unterstrichen – und damit erübrigt sich üblicherweise jede Diskussion. Die Römer sind im übrigen Land als *Menefreghisti* berüchtigt, also als Menschen, denen im Grunde genommen alles völlig egal ist. Aber das trifft den Kern nicht ganz. In Wirklichkeit pflegen die Hauptstädter eine sarkastische Distanz zu Dingen, die man sowieso nicht ändern kann. Mit echtem Fatalismus hat das nichts zu tun.

Distanz hielt und hält das Volk von Rom auch zu den

Lehren der Kirche, wie es der große Dialektdichter Giuseppe Gioachino Belli (1791–1863) in vielen seiner Sonette beschrieb, wo lüsterne Beichtväter, geizige Prälaten und schlemmende Päpste ihren Auftritt haben.

Belli, der das Volk reden ließ, wie ihm der Schnabel gewachsen ist, benutzte mit größter Sorglosigkeit das Wort *cazzo*, eine wenig feine Umschreibung des männlichen Geschlechtsorgans. *Cazzo!* ist der römische Ausruf par excellence, um Erschrecken, Missbilligung, Schmerz oder auch nur Bewunderung und Erstaunen auszudrücken. Seine ursprüngliche, obszöne Bedeutung hat es längst verloren – nur, wie gesagt: Besser nicht beim Stehempfang oder in der Kirche. Die listigen Römer haben sich zwar einige eindeutige Ersatzwörter ausgedacht: *Cacchio*, *cavolo*, *cazzarola*, *càspita* – allesamt ca-Wörter, die dasselbe meinen, ohne ganz so deutlich zu werden. Aber wenn ein Römer jemandem so richtig den Kopf gewaschen hat, sagt er: Ich hab ihm einen *cazziatone* verpasst. Und ein harter Fausthieb heißt in Rom *cazzòtto*.

Der letzte römische Dialektdichter kam aus dem Friaul. Als 1955 Pier Paolo Pasolinis »Ragazzi di vita« erschien, gab es einen Skandal – auch wegen der mit sexuellen Anspielungen durchsetzten deftigen Sprache der Protagonisten:

»Das hatte Armandino nicht erwartet. Er schüttelte sich nervös die Haare aus den Augen, blickte Caciotta dabei aber weiterhin angriffslustig und mit ’n bisschen Schiss an: ›Was willste eigentlich, du Elendsknochen?‹, sagte er. – ›Was hatteste da hinten versteckt?‹, fragte ihn Caciotta und wurde immer wütender, als er von der Erde einen plattgetretenen, zur Wurst gerollten Schlammklumpen aufhob. – ›Jetz trampel mir bloß nich auf’m Sack rum, du‹, presste Armandino hervor. – ›Du warstes, siehste doch!‹, sagte Caciotta. Armandino machte einen Satz und zeigte mit offener Hand und ausgestreckten Fingern auf ihn: ›Jetz seh dir den bloß an, Mann, wer hat dich denn schon mal in'n Arsch ficken lassen, du Schlappschwanz!‹«

Ein halbes Jahrhundert sind Pasolinis Texte alt, und doch klingt es, als hätte er die Jugendlichen der römischen Peripherie erst gestern belauscht. So sprechen sie immer noch direkt, aggressiv und lässig zugleich. Vor einiger Zeit brachte das staatliche Fernsehen eine Doku-Soap über eine Jugendbande vom Stadtrand. Alle sprachen reines, abgeklärtes Romanesco. Als das zum Auftakt der Fastenzeit 2004 auch Papst Johannes Paul II. tat, hätte es fast verheerende Konsequenzen gehabt. *»Damose da fa'«*, sagte der Papst in einer Predigt seiner römischen Gemeinde, übersetzt etwa: »Krempeln wir die Ärmel auf.« Wollte der polnische Bischof von Rom aber nichts weiter als Nähe zu seinen Gläubigen ausdrücken, so brachte das die Separatisten von der Lega Nord auf die Barrikaden. Da sehe man mal wieder, dröhnte Lega-Chef Umberto Bossi, dass die fleißigen Norditaliener nicht nur die faulen Römer durchfüttern müssten, sondern auch die längst vom römischen Virus infizierte Kirche. Ein polnischer Papst, der römisch spricht – ein Vorbote der Hölle! Stracks forderte der Nordmann (und Reformminister der Republik Italien) die Abschaffung der Kirchensteuer – und musste von seinen zutiefst erschrockenen Koalitionspartnern zurückgepfiffen werden.

Dabei würde doch andersherum ein Schuh daraus. Nicht die Kurie der Weltkirche spricht Romanesco, sondern das Vokabular der katholischen Kirche hat im römischen Dialekt Spuren hinterlassen. Typisch römisch ist es, auf den Autobus zu warten, der nicht kommt, und ungeduldig auszurufen: *Ma questo passa ogni morte de papa!* Wörtlich: Der kommt auch nur mal vorbei, wenn ein Papst stirbt. Alle Jubeljahre, sagen wir, und sind damit auch nicht ganz so weit von Rom und seinem Heiligen Jahr entfernt. Wenn bei uns einer lebt wie ein König (oder wie Gott in Frankreich), geht's ihm auf Romanesco wie dem Papst: *Sta come un papa!* Und dass jede noch so wichtige Persönlichkeit irgendwann mal abtreten muss, um von einer anderen ersetzt zu werden, quittieren die Römer mit einem lässigen »Morto un papa, se ne fa un altro«, wenn ein Papst gestorben ist, macht man eben einen neuen. Wenn aber ein Römer erklärt: Jetzt sag ich's dir, *papale*, päpstlich also, kann man nur in Deckung gehen. Das bedeutet nämlich, dass er kein Blatt vor den Mund nehmen wird. Der Ausdruck ist überliefert aus der Legende um die Päpstin Johanna und die anschließende, ebenso legendäre Tradition des Papststuhls, auf den sich der frisch gewählte Pontifex Maximus setzen musste – um seine Gewänder untenherum zu lüften. Die Sitzfläche hatte große Löcher, sodass die ausgesuchten Kontrolleure der Kurie feststellen konnten, ob es sich bei dem neuen Papst auch wirklich um einen Mann handelte. So weit die Sage, *papale*, *papale*.

Mindestens so wichtig wie der Papst ist die Gemeinschaft der Heiligen, die Santi. *Esse 'no stinco de santo*, also das Schienbein eines Heiligen sein, bedeutet gerade das Gegenteil eines Heiligen – eine ironische Wendung zur Beschreibung eines wenig heiligen Gesellen. *Nun ce sò santi!* Es gibt keine Heiligen!, ruft der Römer, wenn er etwas tun muss, was ihm gegen den Strich geht, aber unvermeidlich ist. Oder wenn er seinen Gegenpart auch mit besten Argumenten nicht überzeugen kann. Der *santo in paradiso*, der Heilige im Paradies, ist niemand anders als ein Bekannter oder doch zumindest ein Bekannter von Bekannten, der auf einem wichtigen Posten sitzt und von dort aus seiner Klientel das Leben erleichtern kann. *'na fifa santissima* würden wir mit Heidenangst übersetzen, aber in Rom handelt es sich um eine hochheilige Angst. Der Spruch *nun se frega er santaro* bedeutet wörtlich, dass man einen Verkäufer von Heiligenbildchen nicht hereinlegen kann, und im übertragenen Sinne, dass, wer sich nur vorsieht, selten in eine Falle läuft. Dazu gibt es eine Anekdote von einem Händler, der zu Zeiten Pius VII. (1800–1823) vor der Kirche Sant' Agostino seine Votivbilder feilbot mit dem Spruch: »Für eine Münze die Madonna del Prato und den Papst obendrauf!« Der Mann wurde wegen Beleidigung des Papstes verhaftet und als er aus dem Gefängnis kam, rief er: »Für eine Münze den Papst und die Madonna del Prato obendrauf!« Ein Kirchgänger beschwerte sich: »So wenig Respekt vor der Madonna!« Da sagte der Händler: »He, du, einen santaro legst du nicht herein!«

Der römische Mutterwitz macht auch vor den Toten nicht Halt. Die Römer pflegen als echte Familienmenschen einen hingebungsvollen Totenkult, und deshalb gilt die schlimmste Beleidigung im Romanesco – den Toten.

Li mortacci tua! ist auch heute noch eine sehr beliebte Schmähung des Gegners etwa beim Fußballderby Roma gegen Lazio. An normalen Spieltagen schleudert man sie gern dem Schiedsrichter entgegen. Lange Zeit habe ich geglaubt, dahinter verberge sich ein wütendes: »Tod deiner Familie!«, und das wäre ja auch schon schlimm genug gewesen. Aber in Wirklichkeit verwünscht *li mortacci tua* die bereits verstorbenen Angehörigen des Adressaten und das verstärkende *l'anima de li mejo mortacci tua* ausdrücklich die Seelen der engsten Angehörigen.

Derart blumige Verwünschungen des Romanesco haben sich im Sprachgebrauch erhalten. Manche dichten immer noch im Dialekt und bringen ihre Werke zur »Sprechenden Statue« des Pasquino hinter der Piazza Navona. Weil es aber in der Hauptstadt nach der großen Einwanderungswelle der Nachkriegsjahre nur noch wenige *Romani de Roma* gibt, echte Römer aus Rom also, die in mindestens siebter Generation zwischen den sieben Hügeln leben, ist das heute in Rom gesprochene Romanesco kein echter Dialekt mehr, sondern ein Italienisch mit unverkennbar römischem Akzent. Im übrigen Italien gilt das Romanesco längst als vulgäre Verballhornung der Hochsprache, es ist nie als eigene Sprache anerkannt worden wie beispielsweise das Neapolitanische. Im Romanesco, so meinen die Nicht-Römer, drücke sich nichts weiter als die Wurstigkeit und Provinzialität der Hauptstädter aus, die Römer von Beruf seien, ein ungebildetes, echter Kultur gegenüber gleichgültiges Volk, das sich nur für Essen, Fußball und andere Sinnenfreuden begeistern könne. Die feine Ironie, die lässige Lebensweisheit und die warmherzige Toleranz des Romanesco scheinen über die Grenzen Roms hin nicht verstanden zu werden, *mannaggia*.

Largo di Torre Argentina

Die Stadt der Katzen

Als die Signora Bianca in der Wohnung nebenan gestorben war, vernahm die Hausgemeinschaft Tage danach ein klägliches Gejammer. Bianca, unverheiratet bis ins hohe Alter, schrullig und ziemlich menschenscheu, hatte im Haus dreizehn trauernde Katzen hinterlassen, von deren Existenz niemand etwas wusste. Wir kannten ja nur ihre Kostgänger aus dem nahe gelegenen Park der Villa Torlonia, die auf Samtpfoten durch den verwilderten Garten unseres Wohnpalazzos strichen und bei Regen oder Kälte in den verlassenen Kellerräumen Unterschlupf suchten. Bianca rief sie jeden Abend um sieben. Ihre weißen Haare hatte sie eigens zu diesem Abendrendezvous mit ihren Lieblingen frisch zu einem Knoten frisiert und manchmal legte sie sogar einen Hauch rosa Lippenstift auf. Feierlich trug sie einen alten Weidenkorb voller Katzenfutter zum Treffpunkt unter der riesigen Glycinie.

Für Bianca war es der Höhepunkt des Tages und für die Katzen auch. Sie hatte ihnen Namen gegeben, der großen

Grauen mit den gallegelben Augen, der dürren Getigerten mit den langen Beinen, der alten Weißen und noch einem guten Dutzend anderen. Die Katzen waren ihre Familie und nach ihrem Tod wurden sie alle Vollwaisen. Die tierische Trauergemeinde im Haus wurde von einer Nachbarin rasch ins Tierheim gebracht, denn Bianca hatte ihre Wohnung knapp sechs Monate vor ihrem Tod unter Vorbehalt des Nießrechts an einen Süditaliener und dessen bildschöne Frau aus der Ukraine verkauft, die überhaupt keine Katzen mochte. Die aus dem Park aber kommen immer noch pünktlich um sieben.

Ein Mädchen füttert sie jetzt, manchmal vertritt sie eine nicht mehr junge Signora mit langen blonden Haaren. Stets sind es Frauen, die die Katzen füttern, streicheln und ihnen gut zureden. *La gattara* nennen die Römer eine solche Katzenmutter, und die berühmteste *gattara* war die große Schauspielerin Anna Magnani.

Der Anführer der Streuner in unserem Viertel ist neuerdings ein wunderschöner, schlanker, roter Kater. Offensichtlich aus einem gutbürgerlichen Haushalt ausgebüxt, frech aber mit unverkennbarer Klasse. Mittags klopft er manchmal an mein Küchenfenster und miaut hoheitsvoll um einen Leckerbissen, den er sich dann lässig angelt, um grußlos wieder im Park zu verschwinden: Ein kleiner König in der Stadt der Katzen.

Gut 300000 Katzen leben in Rom, angeblich Nachfahren der Schmusetiger Kleopatras und ihrer Sklaven. Die Hälfte davon, also 150000, sind Streuner. Roms 4000 Katzenkolonien beschäftigen Verhaltensforscher aus der ganzen Welt, vor allem aber halten sie das städtische Gesundheitsamt und die Tierschützer auf Trab. Als einzige europäische Hauptstadt hat Rom sogar einen Beauftragten für die Rechte von Tieren – der Katzen wegen. Er ist für den Schutz der Katzen zuständig, auf dass sie niemand quäle, verletze oder gar vergifte. Auch das Vertreiben ist schwierig. Im Park der Universitätsklinik Umberto I. hält sich hartnäckig eine Kolonie dauerhungriger Kleintiger, weil selbst das Gesundheitsamt nicht an dem von der Stadtverwaltung berufenen Tierschützer vorbeikommt. Die Katzen täten den Kranken nichts, befand der, und umgekehrt habe es bitte schön genauso zu bleiben.

Zwischen den Ruinen der antiken Tempelanlage am Largo Argentina lebt die größte Katzenkolonie. Dreihundert Streuner werden von einer pensionierten Opernsängerin gepflegt, nebst vielen freiwilligen Helfern, die die Tiere füttern, impfen und sterilisieren lassen. Die Katze, behaupten die *gattare*, sei das wahre Wappentier Roms, denn bei der Wölfin handele es sich um einen etymologischen Irrtum. Altphilologen wollen nämlich herausgefunden haben, dass *lupa*, das lateinische und auch italienische Wort für Wölfin, im alten Rom ein Synonym für Prostituierte war. Romulus und Remus als Ziehkinder einer Hure! Na, dagegen haben die Katzen einen nahezu adligen Stammbaum.

»Katzen gibt es überall in Rom, sie sind die ältesten Familien der Stadt«, schrieb in »Der Tod in Rom« Wolfgang Koeppen, »ein stolzes Geschlecht wie die Orsini und die Colonna, sie sind wahrlich die letzten echten Römer.« Und in einem Gedicht des Österreichers Alois Hergouth heißt es: »Überall / diesseits und jenseits des Tiber / wo es nach Altertum und nach Touristen riecht / wirst du sie sehn / Sie werden auch uns überleben / die Katzen von Rom – wie sie Neros Wut überlebten / den Sturm der Barbaren / das irre Gemetzel der schwarzen Jahrhunderte / … / Sieben Leben – sagt man – haben die Katzen / ich glaube / sie leben noch länger / Sie leben von Schatten zu Schatten hindurch / und hinüber / Zum anderen Ausgang der Zeit.«

Die Parks, die Villengärten, die Ruinenlandschaften der Kaiserforen, der Domus Aurea und der Via Appia Antica sind Katzenreviere. Manche Tiere sind gelb getigert wie die der alten Ägypter, aber inzwischen gibt es in Rom alle Farben, denn die Katzengemeinde bekommt ständig Zulauf durch verwilderte Hauskatzen. Die *gattare* in den Katzenkolonien am Largo Argentina, an der Cestius-Pyramide und auf dem Verano-Friedhof suchen unermüdlich nach Katzenliebhabern, die ein Tier adoptieren, und sei es nur auf Distanz mit einem monatlichen Futterscheck. Denn die Stadt Rom schützt die Katzen zwar, versorgen kann sie sie aber nicht. Das ist im Etat nicht vorgesehen. Auch für die medizinische Versorgung gibt es kein Geld, dabei leiden etliche Tiere an der Immunschwächekrankheit FIV (»Katzen-Aids«) oder an der für den Menschen gefährlichen Toxoplasmose. Die durch einen Parasiten übertragbare Krankheit ist insbesondere für Schwangere riskant, weil sie Missbildungen des Fötus auslösen kann. Werdende Mütter müssen sich deshalb regelmäßig Toxoplasmose-Tests unterziehen.

Alljährlich veranstaltet die Stadtverwaltung am 17. Februar einen »Katzentag«, um auf die Probleme der Vierbeiner mit dem uralten Stammbaum aufmerksam zu machen. Das Datum ist symbolträchtig. Den Februar dominiert Uran, der Planet unabhängiger Geister, und die 17 ist im römischen Aberglauben eigentlich eine Unglückszahl, genau wie bei uns die schwarze Katze. Ein Anagramm ihrer römischen Schreibweise aber lautet VIXI (ich lebte), eine Anspielung auf die sieben Leben der Katze.

Und woran denkt man noch bei Katze? Richtig: an Mäuse. Und Ratten. Die gibt es natürlich in Rom noch länger als die ägyptischen Katzenkolonien. Und selbstverständlich auch noch zahlreicher. So fünf, sechs Millionen Ratten werden es wohl sein. Im August, wenn die Stadt menschenleer ist und die Kanalisation ausgetrocknet, kann man ihnen in den Gassen begegnen, wo sie ziemlich selbstbewusst spazieren gehen – und manche sind groß wie Kaninchen. Neulich, am hellen Mittag, saß so ein Prachtexemplar in der Sonne auf einer Gartenmauer nicht weit vom Park. Auf der anderen Straßenseite auf einer anderen Mauer eine Katze. Die beiden ignorierten sich demonstrativ. Leben und leben lassen. Rom ist eben eine tolerante Stadt.

Piazza San Pietro

Im Staat der Priester

Petersplatz, Zentrum der katholischen Christenheit. Sie sind jetzt nicht mehr in Rom. Sondern im Vatikan. Wenn Sie nach ganz oben rechts schauen, sehen Sie das Arbeitszimmer des Papstes, letzter Stock des Apostolischen Palastes, zweites Fenster von rechts. Sonntags um zwölf spricht er hier das Angelus-Gebet. Unter den Kolonnaden des Bernini erspähen Sie die Schweizergarde, jawohl, immer noch echte Schweizer, und die Uniform ist noch die, welche Michelangelo entworfen hat. Am anderen Ende der Piazza, majestätisch wie ein ruhender Löwe: die Peterskirche. Allein der Baldachin über dem Petrusgrab ist genauso hoch wie der Palazzo Farnese. Gigantisch.

Aber die größte Kirche der Christenheit befindet sich im kleinsten Staat der Welt, denn der Vatikan ist mit vierundvierzig Hektar Staatsgebiet nicht gewaltiger als ein mittlerer Bauernhof. Seine knapp fünfhundert Einwohner bilden das, was man andernorts eine Dorfgemeinschaft nennen würde. Eine Kaffeebar gibt es nicht, dagegen hält der Vatikan zu 170 Staaten diplomatische Beziehungen und der Papst empfängt weitaus mehr Staatsmänner zur Audienz als die italienische Regierung zu offiziellen Unterredungen. Der Kleinstaat ist religiöser Mittelpunkt und Pilgerziel von knapp einer Milliarde Gläubigen, fast einem Sechstel der Weltbevölkerung, von 400 000 Priestern und rund 4100 Bischöfen. Die katholische Kirche ist die einzige Weltreligion, deren Oberhaupt gleichzeitig unumschränkte Autorität eines souveränen Staates ist.

Unter dem Pontifikat Johannes Paul II. hat sich die Kurie fortschreitend von römischen und italienischen Einflüssen befreit und der Weltkirche geöffnet, nach Afrika, China, Osteuropa und Lateinamerika. Erstmals wurde im Vatikan eine Afrika-Synode abgehalten, mit viel Tanz und Musik, ebenso eine Synode der Bischöfe aus Ozeanien. Die Mission ist immer wichtiger Bestandteil der Vatikan-Diplomatie gewesen; nach dem Fall der Mauer wird sie besonders in den Staaten Osteuropas und in Russland intensiv betrieben. Auch nach China hat der Kirchenstaat seinen diplomatischen Arm ausgestreckt, ebenso ins kommunistische Kuba, wo der Papst einen triumphalen Empfang auf seiner Pastoralreise erlebte. Umgekehrt zeigte sich Fidel Castro im zivilen Nadelstreifen im Apostolischen Palast zur Audienz. Im Gegensatz zu Kuba aber ist der Kirchenstaat zwar nicht wirklich reich (wenn man von seinem unschätzbaren Immobilienbesitz und den Kunstwerken absieht), aber auch alles andere als bettelarm. Jedes Jahr im Frühling wird der Staatshaushalt verabschiedet und neuerdings verzeichnet der Finanzminister dabei sogar Gewinne. Der Vatikan ist beileibe kein Sozialstaat, hat jedoch eine eigene Krankenkasse und ein Gesundheitsamt für seine rund zweitausend Angestellten, die schon lange vergebens die Einrichtung einer Gewerkschaft fordern. Die Löhne sind nicht berauschend, dafür muss niemand Steuern zahlen. Die Justiz waltet draußen. Es existiert zwar ein Wachdienst, aber keine Polizei, keine Staatsanwaltschaft und keine Gerichte. Verbrechen, die ja auch im Kirchenstaat begangen werden, kommen vor die italienische Justiz, wie etwa im August 1981 das Attentat des Türken Ali Agca auf den Papst oder der Doppelmord des Chefs der Schweizergarde und dessen Frau durch einen jungen Gardisten im Frühjahr 1998.

Der kleinste Staat verfügt mit den Vatikanischen Museen über die größten Kunstsammlungen. Doch wird an Öffnungszeiten festgehalten, die noch nicht einmal der Kommunalen Gemäldesammlung von Ascoli Piceno angemessen wären. Aber sich an den Bedürfnissen der weit gereisten Besucher orientieren? Wäre ja noch schöner. Mit Zugeständnissen ans Publikum überlebt man keine zweitausend Jahre.

Hingegen arbeitet die Posta Vaticana mit allgemein anerkannter Präzision und Pünktlichkeit, ist Radio Vatikan weltweit in vielen Sprachen zu empfangen und die offizielle Tageszeitung *Osservatore Romano*, wenngleich nicht gerade ein Musterbeispiel freier Presse, so doch ein Weltblatt. Der Vatikan hat seine eigene Hymne, den Staatsfeiertag nicht etwa zu Weihnachten, sondern am Jahrestag der Lateranverträge, und eine eigene Amtssprache, nämlich Latein. Aber Italienisch ist Lingua franca, auch auf der offiziellen Website www.vatican.va. Das Autokennzeichen für den stattlichen Fuhrpark des Kleinstaates lautet SCV für Vatikanstadt. Der sarkastische römische Volksmund interpretiert dieses Kürzel anders: *Se Cristo vedesse*, wenn Christus euch sehen könnte ... Innerhalb der Mauern befindet sich die Kaserne der Schweizergarde. Bis heute leistet sich der Kirchenstaat auch ein astronomisches Observatorium, das in Arizona das größte und modernste Teleskop der Erde betreibt, übrigens unter lebhaftem Protest eines Indianerstamms, dem der Berg, auf dem das päpstliche Himmelsfernrohr steht, heilig ist.

Im Vatikan gibt es eine Tankstelle, einen Supermarkt, eine Apotheke. Diese wird auch von Römern frequentiert, denn in der Vatikanapotheke finden sich oftmals Arzneimittel, die in Italien nicht zugelassen oder nicht schnell genug auffindbar sind. Wer ein ärztliches Verschreibungsrezept vorweisen kann, wird vom Schweizergardisten an der Porta St. Anna durchgewunken. Es gibt eine Krankenkasse, eine Post und eine Fußball-Liga, in der die Mannschaft der Handwerker Seiner Heiligkeit beispielsweise gegen die Schweizergarden antritt und deren derzeitiger Torschützenkönig aus der Formation der Museumsmannschaft »Hermes« im richtigen Leben Michelangelos Fresken in der Sixtinischen Kapelle bewacht. Auch eine Nationalmannschaft existiert, die gegen Pilger aus der ganzen Welt antritt, aber keine Auswärtsspiele bestreitet. Alle sind Amateure, alle müssen bei der Sacra Romana Chiesa angestellt sein. Nur der Torwart darf von draußen kommen und Priester kicken nicht mit. Für sie gibt es neuerdings einen Pokalwettbewerb, den Clerus-Cup. Eingeführt hat ihn Kardinalstaatssekretär Tarcisio Bertone, ein großer Fußballfan.

Selbst Papst Johannes Paul II. liebte Fußball. Seit einer Pilgerreise im Ruhrgebiet war er sogar Ehrenmitglied bei Schalke 04. Benedikt XVI. hingegen wird eine Affinität zum FC Bayern nachgesagt – aber bewiesen ist nichts. Und während der Papst Messen in den größten Stadien der Welt zu lesen pflegt, gibt es im Vatikan noch nicht mal ein Trainingscamp. Die Kicker müssen ausziehen, in die großzügigen Sportstätten des amerikanischen Priesterseminars. Selbst das morgendliche Joggen in kurzen Hosen durch die

Vatikanischen Gärten ist bei Strafe verboten, es könnte ja eine Nonne dortselbst flanieren. Frauensport ist übrigens tabu. Noch mehr als unter eingeschränkten Bewegungsmöglichkeiten leiden die Vatikankicker unter Überalterung und das ist ja im ganzen Kirchenstaat ein Problem. Die Journalisten vom *Osservatore Romano* und von Radio Vatikan können allenfalls Seniorenmannschaften bilden; doch auch Traditionsclubs wie die Squadra des Kinderkrankenhauses Bambin Gesù und der Vatikanpost haben Nachwuchssorgen. Die Elf der Chauffeure oder der Club »Albalonga« der päpstlichen Gärtner sind genauso in Pension gegangen wie der Verein der Bibliothekare mit dem prahlerischen Namen Herkules. Die Angestellten der zeitweise berüchtigten Vatikanbank IOR nahmen ohnehin nur einmal, im Jahr 1985, an der Meisterschaft teil, und wurden Letzter.

Seit der Euro-Einführung ist der Petersplatz auch eine wichtige Pilgerstätte der Münzsammler. Wenn im Frühling der nächste Satz geprägt wird, schlafen sie in kalten Februarnächten unter den Kolonnaden, um den Platz in der Schlange vor dem Postamt nicht zu verlieren. Vier Kilometer lang hätten sie letztens angestanden, erzählt ein schnauzbärtiger Angestellter der Vatikanpost. Und wofür? Nicht etwa für einen Zehenknochen der Heiligen Agatha oder ein Stimmband des ewig heiseren Bernhardin von Siena. Derlei Souvenirs mögen im Mittelalter en vogue gewesen sein, heute barmen die Pilger um *pecunia*, Münzen aus dem Vatikan. Weil sie so selten sind, sind sie so begehrt. Und so teuer.

Alle Jahre wieder werden neue geprägt und jeder Vatikan-Angestellte bekommt seinen Teil davon. Der Schnauzbart von der Post hat seine Ration schon in den Urlaubsort nach Südtirol gebracht und sich dort eine Menge Freunde gemacht. Dabei bräuchten die Münzsammler nur Geduld zu haben, *pazienza*, sagt er, und abzuwarten. »Mit unseren Briefmarken war es doch das Gleiche. Zuerst kosteten sie ein Vermögen, die Leute prügelten sich darum, und jetzt werden sie uns nachgeworfen.«

Also zehn, zwanzig Jährchen stillhalten und die natürliche Inflation des Vatikan-Euros abwarten. Was ist schon eine Generation, gemessen an der Ewigkeit? Wer nicht warten kann und außerdem zu frostempfindlich ist, um im nächsten Frühling nächtens für den neuen Satz anzustehen, kann zu Savelli gehen. Savelli am Petersplatz ist der größte Devotionalienhändler in Rom, neben Rosenkränzen, Heiligenkalendern und Formularen für den Apostolischen Segen bekommen Sie dort selbstverständlich auch den Vatikan-Euro, was ja einiges aussagt über die schreckliche Säkularisierung der heiligsten Stätten. »Die zweite Kollektion 700 Euro.« – »Was heißt hier: ›zweite Kollektion‹?« – »Ganz einfach: zweites Euro-Jahr. Das erste kostet 1100 Euro, dafür haben Sie aber den ganzen Satz.« Der zweite Euro-Jahrgang wurde übrigens gar nicht öffentlich ausgegeben, weil der Vatikan den Image schädigenden Ansturm der Geldpilger fürchtete. 1100 Euro aber sind ungefähr das Monatsgehalt eines süditalienischen Landpfarrers.

Seit Jahren klagt der italienische Klerus beim Papst, dass er von seinem schmalen Gehalt noch nicht einmal eine Haushälterin bezahlen könne, weswegen einerseits die Männer Gottes bei Mamma wohnen bleiben, solange es eben geht, andererseits Priester aus außereuropäischen Ländern in die entlegensten Kirchengemeinden entsandt werden – weil sich kaum italienischer Nachwuchs findet.

Auf dem Papier ist Italien eines der katholischsten Länder der Erde, doch im Alltag spielt die Kirche kaum noch eine Rolle. Zwar hat die katholische Bischofskonferenz das

Sündenregister um zeitgemäße Vergehen wie Korruption, Steuerhinterziehung, Schwarzfahren und Umweltverschmutzung erweitert – aber die Beichtstühle bleiben leer. Vierzig Prozent der Italiener halten die Beichte für überflüssig, fünfundzwanzig Prozent zweifeln, dreißig Prozent sind »aus psychologischen Gründen« dafür, was ja auch nicht ganz im Sinne des Erfinders ist. Auch in der Messe: gähnende Leere. Rom, die Hauptstadt der katholischen Christenheit, ist auch die Kapitale der neuen Heiden.

Nehmen wir zum Beispiel die vorösterliche Fastenzeit. Im katholischen Westfalen etwa mussten in jenen Wochen alle geschenkten Süßigkeiten, alle Leckereien strikt in ein großes Glas verschlossen werden. Erst am Ostersonntag durfte es geöffnet werden. Am Ostermontag hatten die Kinder dann Bauchschmerzen, die Erwachsenen einen Kater und schuldbewusst dachten alle an den Papst in Rom. Soweit die Westfalen. Und die Römer? Das italienische Wort *quaresima* meint lediglich die vierzig Tage Dauer, aber von Enthaltsamkeit ist da nicht die Rede. Das Wort »Fasten« haben wir den Ostgoten zu verdanken, »fastan« bedeutet ursprünglich bewachen, festhalten – an den Vorschriften der Kirche nämlich. Die spät christianisierten Germanen nahmen, wie für glühende Konvertiten üblich, alles furchtbar wörtlich. In Rom aber, wo sie für ihre alten Götter flugs neue Heilige fanden und den Handel mit Knochen und anderen Reliquien schnell zum Business ausbauten, in Rom also, der alten und neuen Hauptstadt des Abendlandes, fastete damals wie heute außer dem Papst kaum ein Mensch. Den Römern das freiwillige Hungern beibringen zu wollen, ist ein kulturhistorisches Missverständnis. Man hält hier nicht viel von Selbstkasteiung für ein höheres Ziel. Wofür hat man denn Profis?

Ferdinand Gregorovius hat das beim Quellenstudium

für seine »Geschichte der Stadt Rom im Mittelalter« auch feststellen müssen. Er berichtet von dem Dominikaner Fra Venturino aus Bergamo, der kurz vor Ostern 1334 mit einem wandernden Heer von mehr als zehntausend Menschen in Rom einrückte, die sich, so der strenge Gregorovius »den sanftmütigen Namen Tauben gaben aber eher wie Heuschrecken die Landschaft durchzogen«. Was geschah: »Die Römer hörten in großer Stille auf die Rede des Bergamasken, aber sie kritisierten seine Fehler im Latein. Er pries Rom als die Stadt der Heiligen, deren Staub man nur mit nackten Füßen betreten dürfe; er sagte, dass ihre Toten heilig, aber ihre Lebenden gottlos seien, worüber die Römer lachten. Sie riefen ihm Beifall zu, als er erklärte, dass der Papst in Rom seinen Sitz haben müsse, aber als er sie aufforderte, ihm das Geld, welches sie für die gottlosen Karnevalsspiele auf der Piazza Navona bestimmt hatten, zu frommen Zwecken darzugeben, fanden sie, dass er ein Narr sei.«

Als am Aschermittwoch Anno Domini 2003 Johannes Paul II. zum »Fasten für den Frieden« aufrief, erregte er damit den Unmut der römischen Gastwirte, die in diesen Dingen keinen Spaß verstehen. Dutzende Parlamentarier quer durch die Parteien schlossen sich dem Aufruf an, man befürchtete schon das Schlimmste. Es kam dann aber anders. Zwar hatte das Restaurant Eau Vive in der Nähe des Pantheon demonstrativ geschlossen, aber das wird auch von Nonnen geführt, die zum Hauptgang das »Ave Maria« singen. In den übrigen römischen Schlemmertempeln wurde schon zum Mittagessen zugelangt. Das Lokalblatt *Il Messaggero* interviewte eine Reihe von Pilgern, die vom Petersplatz und der Papstpredigt direkt an die Fleischtöpfe geschwirrt waren und sich von den Reportern peinlich ertappt fühlten. »Wir haben es ja versucht, aber der Hunger war doch stärker«, war die beliebteste Ausrede, und *Il Messaggero* erteilte verständnisvoll Absolution: »Was zählt ist die gute Absicht.«

Wenn man auf einer römischen Party richtig Eindruck schinden will, erzählt man am besten von der deutschen Aktion »Sieben Wochen ohne«. Das können die Römer nicht fassen. »Sieben Wochen ohne WAS?« *Sono pazzi questi tedeschi*, haha, verrückt sind sie, diese Deutschen. Jahrzehntelang haben wir sie falsch eingeschätzt, dabei sind die ein richtig lustiges Völkchen. Freiwillig fasten, aufs Auto verzichten und auf den *vino*, von anderen Dingen ganz zu schweigen. »Wenn ich mir selbst etwas versage«, findet der pragmatische Römer, »geht es den anderen deshalb doch auch nicht besser.«

Ostermontag haben alle Bauchweh vom ausgiebigen Schlemmen. Und um sich zu erholen, tun sie *due passi*, zwei, aber auch exakt zwei Schritte vor die Tore der Stadt. Ostermontag ist Ausflugstag. Genauer: Picknicktag. Ein bisschen Lasagne, ein wenig Schafkäse, magst du dazu eine Tomate? Und als Nachtisch ein klitzekleines Tiramisu. Der Magen wird dabei unweigerlich entlastet – wer will schon behaupten, dass so ein Picknick eine ordentliche Mahlzeit wäre?

Selbst die Wallfahrten konnten bei den Römern zum Gelage ausufern, so geschehen bei den Pilgerfahrten zum Sanktuarium der Madonna del Divino Amore, der Göttlichen Liebe, an der Via Ardeatina im Süden der Stadt. Im Jahre 1740 war auf der Höhe des Weilers Castel di Leva ein Weinhändler in Richtung Innenstadt unterwegs, als ihn ein Rudel wilder Hunde anfiel. In seiner Not rief der Mann zur Muttergottes und starrte dabei fest auf ein altes Marienfresko, das wenige Meter entfernt auf die Mauer eines mittelalterlichen Turms gepinselt war. Die Hunde ließen von ihm ab und fünf Jahre später weihte Papst Benedikt XIV. dort ein Heiligtum mit Befähigung zur Generalabsolution.

Der neue Wallfahrtsort wurde von den Städtern mit Begeisterung angenommen. Er lag günstig, auf halbem Weg zu den Weindörfern in den Castelli Romani, und so konnte man Nützliches (die Absolution) mit Angenehmem (kleine Weinprobe) verbinden. »Wenn man am Heiligtum angekommen war«, schrieb um die vorletzte Jahrhundertwende der Dialektdichter Gigi Zanazzo, »hörte man zuallererst die Messe. Und wenn man in den Genuss all der großen Wunder gekommen war, die die Madonna tut – die Lahmen warfen ihre Krücken weg, die Blinden konnten sofort wieder sehen, die vom Teufel besessenen Mädchen kotzten den bösen Dämon aus und so weiter –, dann ließ man sich nieder zum Frühstück. Und danach spannte man die Pferde an und fuhr weiter nach Albano. Hier aß man und trank guten Wein, dann wurde gesungen und auf dem Rückweg gab es ein heiteres Wettrennen nach Rom.« Soweit der Dichter.

Heute verlaufen Pilgerfahrten etwas anders, aber Divino Amore ist der Lieblings-Wallfahrtsort der Römer geblieben. Der Priester der Marienkirche hat sogar einen elektronischen Rosenkranz für Autofahrer erfunden. Zum Divino Amore pilgern Familienväter, die für eine *grazia*, eine ihnen oder ihren Lieben gewährte Gnade, danken wollen, *ragazze*, die den *principe azzurro*, den Märchenprinzen, erflehen, sowie der AS-Rom-Kapitän Francesco Totti. Vor einem wichtigen Fußballspiel, und danach erst recht.

Falls Ihnen jetzt Bedenken kommen sollten, über die unheilige Verquickung zwischen Sport und Religion: Der Fußball ist von jeher fest in Händen der Römischen Kirche. Mehr als fünfzig Fußballplätze werden in Rom von Kirchengemeinden betrieben, dort gibt es Sport umsonst und draußen und manchmal spielen die Priester gerne mit. So selbstverständlich ist der Zusammenhang zwischen Fußball und Kirche, dass Italiener bei dem Wort *oratorio* nicht etwa an ein Händel-Oratorium denken oder doch wenigstens an einen Gebetsraum – was ja die offizielle Übersetzung ins Deutsche wäre. Vielmehr fällt ihnen ein Fußballplatz im Schatten des Kirchturms ein, denn im *oratorio* wird gekickt, das war schon immer so. Beten ist Nebensache.

Der Sportjournalist Gian Paolo Ormezzano definiert den *oratorio* folgendermaßen: »Der staubige Hof der Kirchengemeinde, auf dem auch der Priester spielt, ohne seine schwarze Soutane abzulegen. Große Fußballer fingen hier an. Lange Zeit der einzige Fußballplatz der Italiener. Ohne auch nur den Schatten eines Grashalms, umgeben von hohen Mauern, die den Ball abprallen lassen, sodass er nie im Aus landet. Das Spiel im *oratorio* ist rau und chaotisch. Als ›*oratorio*-Spieler‹ bezeichnen wir einen Fußballer, der arm an Klasse ist und reich an Enthusiasmus.«

Ein Priester, eine Nonne, die Fußball spielen, das haben hier die meisten erlebt. Fliegende Soutane hinter Lederkugel, ein klassisches Kino-Motiv von »Don Camillo und Peppone« bis Nanni Morettis »Die Messe ist vorbei«, wo der Regisseur selbst die Hauptrolle eines engagierten, natürlich fußballspielenden Priesters gibt. Veritable Bischöfe sind als Fußballkommentatoren im italienischen Fernsehen aufgetreten und bei einem Match im Olympiastadion war der Papst Ehrengast. Suor Paola, eine römische Nonne und begeisterte Anhängerin der Società Sportiva Lazio, geht sonntags nach der Messe regelmäßig ins Stadion. Jahrelang trainierte die fröhliche, rundliche Schwester sogar ihre eigene Mannschaft, die »Ragazzi di Suor Paola«, natürlich in weißblauen Trikots, genau wie Lazio. Der Club erwirtschaftete in Benefizspielen erkleckliche Summen, bis es dem Orden dann doch zu viel wurde.

Möglicherweise ist Essen die wahre Religion der Römer. Oder der Fußball. Jedenfalls aber wohl nicht genau das, was der Papst darunter versteht.

Pius XII., selbst Römer aus alteingesessener Familie, erwog gleich nach dem Zweiten Weltkrieg den Abzug der Kurie aus dem Vatikan, falls in Rom die Kommunisten das Kapitol erobern sollten. Dazu kam es nicht, aber seine Schäfchen machten dem Papst trotzdem Sorgen. Er bestellte die Priester seiner Diözese zu sich: »Es wird euch nicht entgangen sein, dass viele eurer Gemeindemitglieder nur eine lauwarme Haltung haben. In Rom mangelt es nicht an schlechten Menschen, die die Heiligen und alles Heilige überhaupt beleidigen. Kann man also sagen, dass wir Rom evangelisieren, missionieren müssen? Wer, wie ihr alle, die Stadt bis ins Kleinste kennt, kann sich dieses Eingeständnisses nicht enthalten!«

Die Römer missionieren. Auch Papst Johannes Paul II. hat es versucht, mit 13 000 »Missionaren«, die vor dem Heiligen Jahr 2000 ihren Mitbürgern die Leviten lesen sollten. Man öffnete ihnen die Türen, nahm ihnen dankend das mitgebrachte Markus-Evangelium ab, bot höflich Kaffee oder ein Likörchen an, hörte interessiert ein Weilchen zu – und hatte seinen Part getan. Oder etwa nicht? Katholisch, *va bene.* Aber praktizierend? Bitte schön, wer wird denn gleich übertreiben? Vierundneunzig Prozent der römischen Familien lassen ihre Kinder katholisch taufen. Man weiß ja nie. Aber nur ein Fünftel hält sich für »praktizierend«, geht also regelmäßig zur Messe. Die 320

Kirchen (dreihundertzwanzig!) im Centro Storico sind am Sonntag gähnend leer. Achtzig Prozent der Römer hatten in einer Umfrage aus dem Jahr 2000 in den letzten sechs Monaten keinen Priester gesehen, achtunddreißig Prozent gingen grundsätzlich nie zur Beichte und zwanzig Prozent taten das nur alle Jubeljahre. In ihr Schlafzimmer haben sie die Lehren der Kirche sowieso nie gelassen. »Die Latte wird vom Papst so hoch gelegt, damit alle bequem darunter durchschlüpfen können«, hat mir einmal ein hoher Prälat lächelnd erklärt.

Was also ist geblieben von der Heiligen Stadt? In den Lateranverträgen hat sie keine Bedeutung mehr. 1929 beschlossen der faschistische Diktator und der Papst: »In Anbetracht der Heiligkeit der Ewigen Stadt, Bischofssitz des Papstes, Zentrum der katholischen Welt und Wallfahrtsziel der Pilger, verpflichtet sich die italienische Regierung, alles zu verbieten, was sich in Kontrast mit der Heiligkeit dieser Stadt befinden könnte.« 1984, bei der heute gültigen Erneuerung des Vertrages durch den sozialistischen Ministerpräsidenten Bettino Craxi, wurde dieser Passus deutlich abgemildert. »Die Republik Italien«, heißt es darin, »anerkennt die besondere Bedeutung von Rom als Bischofssitz des Papstes für die katholische Welt.« Punktum. Ein Gummiparagraph, mit dem sich weder, wie in den fünfziger Jahren geschehen, Zucht und Ordnung im gerade aus der Taufe gehobenen Fernsehen durchsetzen lassen noch, wie 1965, das polizeiliche Verbot der Aufführungen von Rolf Hochhuts »Stellvertreter«. Rom ist auch gesetzlich auf dem Weg zu einer säkularisierten Stadt.

Andererseits aber gibt es nirgends so viele engagierte, katholische Laien wie hier. Tausende engagieren sich etwa in der Gemeinschaft Sant'Egidio, die seit 1968 in Trastevere ansässig ist und sich durch erfolgreiche Friedensvermittlung international einen Namen gemacht hat. Nach siebzehn Jahren Bürgerkrieg kam dank des Engagements von St. Egidio ein Friedensvertrag für Mosambik zustande, der 1993 in Rom unterzeichnet wurde. Zehn Jahre später starteten die Römer in dem ostafrikanischen Land das Aids-Projekt »Dream«. Die in der Gemeinde organisierten Ärzte opferten ihren Jahresurlaub, um die Bevölkerung ganzer Dörfer systematisch zu untersuchen und Medikamente an Erkrankte zu verteilen. Fünfzehn Helfer blieben gleich ganz in Afrika, gemeinsam mit den Einheimischen betreiben sie in Mosambik dreizehn Aids-Zentren. In den Nachbarländern sollen weitere folgen. Mit den Pharma-Multis verhandelt Sant'Egidio um Preisnachlass für Aids-Medikamente, und die Gemeinschaft leistet in Afrika Aufklärungsarbeit: Die römischen Ärzte sind katholisch, aber sie sind vor allem sehr pragmatische Katholiken, die jede freie Minute in das investieren, was sie selbst unter Caritas verstehen, tätige Nächstenliebe ohne moralischen Zeigefinger.

In Rom kümmern sie sich um Arme, Ausländer, Obdachlose und Alte, unterhalten ein Altenheim, eine Mensa, eine Ambulanz und eine Kleiderkammer. Insgesamt betreibt die Gemeinde an ihrem Gründungsort fünfundzwanzig Projekte, inzwischen hat sie 50 000 Mitglieder und Basisgruppen in fast siebzig Ländern der Welt.

Für Sant'Egidio zu arbeiten heißt, weitestgehend auf Freizeit und Privatleben zu verzichten. Im Italienischen wird der Dienst am Nächsten *volontariato* genannt. Das Wort »freiwillig« steckt darin, also eine völlig andere, selbstverständlichere Bedeutung als das feierliche, deutsche »Ehrenamt«. Die Laienbewegung wurde von Kindern des Großbürgertums gegründet, die, als ihre Altersgenossen demonstrierend auf die Straße gingen, eine ihnen fremde Welt vor der eigenen Haustür entdeckten – die römische

Peripherie. »Wir begriffen, dass die Dritte Welt in unserer Nähe lag«, hat der Gründer von Sant'Egidio, Andrea Riccardi, einmal erklärt. »Die Täuschung der bürgerlichen Stadt bestand darin, dass die Armen versteckt wurden. Man konnte leben, ohne sie wahrzunehmen.« Riccardi und seine Anhänger aber wollten die Armut in ihrer Stadt nicht länger übersehen. Sie fuhren in die verwahrlosten Viertel am Stadtrand, erteilten den Kindern Unterricht, verteilten Spenden unter den Familien. Später holten sie die Armen auch ins Zentrum, mitten ins pittoreske Touristenviertel Trastevere. Am Weihnachtstag werden Roms Obdachlose traditionell zum Mittagessen in die Basilika Santa Maria in Trastevere geladen – und dann wird in der Kirche richtig gefeiert. Der Vatikan hat das Treiben der Basisgemeinde lange mit erhobenen Augenbrauen betrachtet. Eine Kirche für die Armen, das klang in Rom zu Zeiten der südamerikanischen Befreiungstheologie reichlich subversiv. Johannes Paul II. aber hat die Beziehungen zu Sant'Egidio verstärkt und ihre Bemühungen um den Weltfrieden ausdrücklich begrüßt. Zum jährlichen Gründungsfest von Sant'Egidio im idyllischen Garten des sorgfältig renovierten, gleichnamigen Klosters kommen inzwischen auch hochrangige Politiker und Kurienkardinäle.

Neuerdings mögen die Römer ihren Papst. Einerseits haben sie sich an ihn gewöhnt, auch wenn es in den letzten paar tausend Jahren ja nicht immer einfach war. Andererseits genießen sie endlich die angenehmen Seiten der Nachbarschaft: Massen von Pilgern und Touristen entrichten ihr Scherflein bei der örtlichen Gastronomie und im Einzelhandel – ohne dass der Papst noch in Rom regierte. Sicher, der Vatikan lässt das Geschehen in der Hauptstadt Italiens nicht immer unkommentiert, namentlich anlässlich der Schwulendemonstration »Gay Pride« ausgerechnet im

Heiligen Jahr gab es einiges Gerangel. Eine normale Diskussion zwischen Nachbarn. Der andere Konflikt ist längst vergessen und vorbei, seit 1870 Garibaldis Truppen die Porta Pia stürmten, Rom zur Kapitale des vereinigten Königreichs ausriefen und sich der entmachtete Papst schmollend in den Vatikan zurückzog. Doch das Verhältnis der Römer zu Papst und Kirche ist zweifellos von Jahrhunderten des Papstkönigs, des *Papa Re* geprägt. Die Herrschaft der Kirche hat die politische, ökonomische und kulturelle Entwicklung Roms determiniert und besonders nach der Französischen Revolution stark gebremst; sehr langsam und mit großen Erschütterungen hat sich die Stadt aus diesem Klammergriff befreit.

Das katholische Rom verstand sich als Erbe des antiken Imperiums und so wurden christlicher Kult und christliche Symbole den Zeugnissen antiker Kultur oftmals einfach nur übergestülpt: Bis heute ist Rom eine lebende Synthese zwischen Antike, Christentum und Moderne, eines wächst aus dem anderen und alles ist miteinander verwoben.

»Das sinnliche Volk der Lateiner war des Monotheismus zu allen Zeiten unfähig«, urteilt Gregorovius. »Die Römer waren nicht sobald Christen geworden, als sie fortfuhren, ihre Stadt, seit alters her ein Pantheon der Götter, mit neuen Heiligen aus allen Provinzen, mit deren Reliquien und Kirchen zu füllen. Die Schule der weltlichen Wissenschaft, Kritik und Urteil erloschen und machten mehr als je der mystischen Schwärmerei und dem materiellen Kultus Platz.«

Flugs wurde das Pantheon aller Götter allen christlichen Heiligen geweiht, den Triumphsäulen der heidnischen Kaiser Trajan und Marc Aurel wurden die Stadtpatrone Petrus und Paulus aufgesetzt. Aus dem Minervatempel entstand Santa Maria sopra Minerva, aus dem Tempel der

Göttin Kybele die Basilika Santa Maria Maggiore. Der Papst übernahm den alt-römischen Hohe-Priester-Titel des Pontifex Maximus und die Sacra Chiesa Romana sogar die magische Zahl Sieben aus der antiken Überlieferung. In Anlehnung an die sieben Hügel Palatin, Kapitol, Caelius, Viminal, Quirinal, Aventin und Esquilin, die sieben Könige und die sieben Priester des Jupiter gab es nun die sieben Sakramente und die sieben Todsünden. Im Mittelalter folgte der obligatorische Bußgang zu den sieben Kirchen: St. Peter, St. Paul, Santa Maria Maggiore, San Giovanni in Laterano, San Sebastiano, Santa Croce in Gerusalemme und San Lorenzo fuori le Mura.

Die Römer aber betrachteten sich als Bürger, nicht als Untertanen. Durch die Jahrhunderte blieben sie widerspenstig, mochten weder dem Papst dienen noch dem Kaiser. Sie setzten den Germanen zu, die zur Kaiserkrönung gen St. Peter zogen, ebenso wie den Kandidaten für den Heiligen Stuhl. Sie ernannten Päpste und Gegenpäpste, bedrohten, vertrieben und meuchelten unbeeindruckt von der Aussicht auf jenseitige Vergeltung. Einmal gruben sie gar einen Papst wieder aus, machten ihm den Prozess und warfen ihn anschließend in den Tiber. Das war Formosus und auch sein Nachfolger, der für die Leichenschändung verantwortliche Stephan VI., fand ein unrühmliches Ende: Er wurde im Gefängnis erdrosselt. Die Macht der römischen Patrizier und des von ihnen manövrierten *popolino* vertrieb die Päpste schließlich nach Avignon. Siebzig Jahre lang blieben sie dort – während dieser Zeit verfiel das Caput Mundi und seine Einwohnerzahl schrumpfte auf Kleinstadtgröße.

Die starken Päpste der Renaissance und des Barock sorgten zwar für einen großen wirtschaftlichen und kulturellen Aufschwung. Während aber im unwissenden übrigen

Europa das Ablassgeschäft blühte und der deutsche Mönch Martin Luther sich bei seiner Romreise über die Prasserei der Kurie entsetzte, hatten die Römer ein für allemal verstanden, dass, wenn der Pontifex Maximus Wasser predigte, gleichwohl alle Wein trinken durften. Leben und leben lassen. Trotzdem waren sie, als die Schriften der Aufklärer nach Italien wehten, ihren *Papa Re* und seinen Hofstaat leid, und als Garibaldi *ante portas* stand, wollten die Römer, die kurz zuvor das Scheitern der Römischen Republik erlebt hatten, die alte Herrschaft nur noch loswerden.

Noch im Jahre 2000 hob ein großes Gegrummel an, als die Seligsprechung von Papst Pius IX. anstand. *Pio Tutto* nennt man diesen letzten Kirchenfürsten noch heute in Rom, im Dialekt heißt das: »Ich nehme alles.« Noch immer haben sie Pius nicht verziehen, dass er nicht auf den Kirchenstaat verzichten wollte – »non possimus« – wir als Papst können das nicht, hatte er sich gesträubt. Als Pius IX. im Februar 1887 gestorben war, hatte man im Vatikan erwogen, den Konklave für die Wahl seines Nachfolgers außerhalb von Rom abzuhalten, aus Angst vor Tumulten. Sein Leichnam wurde provisorisch in der Peterskirche bestattet und drei Jahre später exhuminiert. Man nahm an, dass sich die Lage in der Stadt beruhigt hätte, und wollte den toten Papst in einem feierlichen, nächtlichen Trauerzug nach San Lorenzo überführen. Als der Zug die neue Via Nazionale passierte, kam es jedoch zu regelrechten Ausschreitungen. In ihrer Wut auf den Papst warfen die dort versammelten antiklerikalen Schaulustigen mit Pflastersteinen und versuchten sogar, den Leichnam zu entwenden, um ihn in den Tiber zu werfen. Doch der Kutscher des Leichenwagens trieb die Pferde an und im Galopp schaukelten sie den toten Pius bis nach San Lorenzo, wo er in der Basilika beigesetzt werden konnte.

Zwischen dem Vatikan und dem ja nun von ihm unabhängigen römischen Bürgermeister blieben die Spannungen noch lange bestehen. Der um 1900 amtierende Ernesto Nathan, ein weit gereister Mann jüdischer Abstammung, schickte dem Papst einmal in polemischer Absicht einen Wahlschein – »da Sie jetzt römischer Bürger sind, können Sie auch wählen«. Alljährlich im Februar, zum Todestag von Giordano Bruno, legt der Bürgermeister am Denkmal auf dem Campo de' Fiori des im Jahre 1600 als Ketzer Verbrannten einen Kranz mit Schleife in den Farben der Stadt nieder. Eine symbolhafte Handlung der freien Stadt Rom.

Noch kann man zwar nicht von Schulterschluss reden, jedoch von einer großen Annäherung zwischen Vatikan und Kapitol. Bereits Johannes XXIII. war in Rom populär, weil er sich insbesondere um die Betreuung der sozial Schwachen in der Peripherie verdient gemacht hatte. Die Römer nennen ihn *il papa buono*, den guten Papst. Johannes Paul II. aber wurde von den Römern regelrecht adoptiert. »Wenn ich einen Irrtum begehe, werdet ihr mich korrigieren«, hatte der Pole Karol Wojtyla bei seiner Amtseinführung im Oktober 1978 der Menge auf dem Petersplatz zugerufen, in noch etwas wackligem Italienisch. Damit hatte er bei den Römern einen Stein im Brett. Einen Papst, der von vornherein die Möglichkeit des eigenen Irrtums in Erwägung zieht, also menschliche Schwäche offenbart – das hatte es zuvor noch nie gegeben. Bei jedem seiner zahlreichen Besuche in den Gemeinden der Diözese wurde der Pole enthusiastisch empfangen. Er ließ keine Gelegenheit aus, seine Freude darüber kundzutun, dass er in Rom leben dürfe. Der Papst wollte Römer werden, kein Zweifel.

Als erstes Oberhaupt der Chiesa Romana besuchte er

die jüdische Synagoge am Lungotevere. Die heute 16000 Mitglieder umfassende jüdische Gemeinde ist eine der ältesten der Welt. Jahrhundertelang waren die römischen Juden von den Päpsten unterdrückt und gedemütigt worden – dass jetzt endlich ein Papst in Demut zu ihnen kam, fanden auch die katholischen Römer überfällig. Ausgesprochen sympathisch war ihnen auch, dass der Pontifex Maximus zur Heilung seiner Gebrechen ein öffentliches Krankenhaus aufsuchte, als sei er ein ganz normaler Bürger und Patient. Der Papst ging ins Stadion und empfing die Fußballer der beiden römischen Erstliga-Clubs zur Audienz. Das wäre vielleicht gar nicht nötig gewesen, um ihn zu dem zu machen, was er längst schon war: ein *civus romanus*. Und was seine Enzykliken zur Sexualmoral anging: Man wusste schon, wie das gemeint war. Fest steht: Ein Pole hat die Römer mit dem Papsttum versöhnt, nach fünfundvierzig italienischen Päpsten in Folge, die sich nicht ganz so beliebt gemacht hatten. Als Johannes Paul II. im April 2005 starb, erfuhr Rom einen gigantischen Pilgerandrang. Vier Millionen kamen, um an dem in der Peterskirche aufgebahrten Papst vorbeizudefilieren, bis zu acht Stunden betrug die Wartezeit in der kilometerlangen Schlange, die vom Hauptaltar bis zur Tiberuferstraße reichte. Am Tag der Beerdigung hatten Roms Kinder schulfrei, die Stadtautobahn wurde in der Nacht vorher geschlossen. Niemand kam an diesem Tag nach Rom herein oder aus Rom heraus, eine nie dagewesene Maßnahme, um den Zusammenbruch des Verkehrs zu verhindern.

Nie zuvor hatte es auch ein derartiges Medienspektakel um den Konklave zur Papstwahl gegeben. Die großen Fernsehsender hatten schon Jahre zuvor die Dachterrassen mit Blick auf den Schornstein der Sixtinischen Kapelle angemietet, aus dem nach vollzogener Wahl weißer Rauch aufsteigt. Und dann war es Joseph Ratzinger!

Die Stadt hielt den Atem an, als Benedikt XVI. auf den Balkon vor der Peterskirche trat, um sich als neuer Bischof von Rom zu zeigen. Ein Deutscher, nach 482 Jahren! Und doch mehr Römer als Wojtyla, schließlich lebte Ratzinger bereits ein Vierteljahrhundert in Rom. Es machte ihn sympathisch, dass er aus seiner Zeit als Kardinal neben seinem Klavier auch einige Katzen besaß, mit denen er aber nicht in den Apostolischen Palast einziehen durfte. Die Katze ist eines der heiligen Tiere der Römer, für die Inquisition aber war sie stets das Tier des Teufels. Apart also, dass ausgerechnet Kardinal Ratzinger, als Glaubenspräfekt direkter Nachfolger des Obersten Inquisitors, Katzen liebte und hegte. Aber ein Papst mit Katzen war dem gestrengen, vatikanischen Protokoll zu viel. Die Tiere mussten draußen bleiben.

Und Benedikt XVI. schaffte es nicht, an die Popularität seines Vorgängers heranzureichen. Sicher, sein Privatsekretär Georg Gänswein wird von der (weltlichen) Presse als »schönster Mann im Vatikan« tituliert. Andererseits zeigte Gänswein aber auch eine gewisse Humorlosigkeit, als er sich über eine Satire im Radio mokierte – und wenn Römer bei einem Priester zwischen gutem Aussehen und Ironiefähigkeit entscheiden sollen, wählen sie gemeinhin letzteres.

Intellektuell und distanziert, so erscheint der deutsche Papst den Gläubigen seines Bistums. Irritiert verzeichneten sie, dass er sich vom römischen Hofschneider Wojtylas abwendete, um Schuhe und Skiwesten einer norditalienischen Modeschöpferin zu tragen. Johannes Paul II. legte nicht so viel Wert auf sein Äußeres! Nicht, dass man in Rom kein Verständnis für Eitelkeit hätte. Aber müssen es Mokassins aus Mailand sein?

Der Theologenpapst sucht weniger die Nähe der Gläubigen als Johannes Paul II. Ihm würde es im Traum nicht einfallen, römische Dialektausdrücke zu verwenden, stattdessen spricht er mit einem ausgeprägten, deutschen Akzent. Aber kein Papst hat sonntags und zur mittwöchlichen Generalaudienz derart viele Pilger auf dem Petersplatz versammelt wie Benedikt XVI. seine reisefreudigen Deutschen. Kein Pontifex hat auch so viel Geld in die chronisch leeren Vatikankassen gespült: Mit dem deutschen Papst stiegen die Einnahmen aus dem Peterspfennig um fast 60 Prozent auf jährlich 100 Millionen Dollar. Und auch das weiß man in Rom durchaus zu schätzen.

Campo de' Fiori

Verdauung, dreitausendjährig

Kommen wir zum Wesentlichen. Rom hat, wie der Dichter sagt, jede Menge alte Bausubstanz, aber alle diese Steine liegen seiner Bevölkerung nicht wirklich schwer im Magen. Römer können zu allen Tages- und Nachtzeiten Unmengen verdrücken und anschließend beeindruckend ausführlich, wortreich und angeregt darüber schwadronieren. Die Geschichte Roms, der Welt-Hauptstadt des Essens, ist eigentlich nichts weiter als eine einzige, große Verdauung, dreitausendjährig, und nur gelegentlich unterbrochen durch lästige, kriegerische Rülpser. Hier hat es wohl Hungersnöte gegeben (nach dem Zweiten Weltkrieg gab es auf manchem Schwarzmarkt römische Straßenkatzen zu kaufen), aber niemals kulturbedingte Formen der Anorexie. Mögen die Amerikaner sich mit *low carb* bestrafen und zur Erhaltung eines Waschbrettbauches auf Götterspeisen wie Nudeln, Brot, ja sogar ein unschuldiges Äpfelchen verzichten, als sei jede dadurch bescherte Rundung des Teufels. Römer wissen es besser. Esst Kinder, *magnate ragazzi*, später erst und im Himmelreich gibt es womöglich nichts mehr, man weiß ja nie, und dann hat man auf Erden seine Zeit verschwendet und umsonst gehungert. Und bevor ich es vergesse, das Wichtigste zuerst: Ein Salat ist eine Beilage, ist eine Beilage, ist eine Beilage. *Un contorno.* Wozu hat der Herrgott das zarte Lämmchen geschaffen, das geduldige Rind, das würzige Kaninchen, zu schweigen von der *pastasciutta*? Als Orazio starb, ein Wirtsunikum aus Trastevere, zitierte der *Messaggero* seinen Lieblingsspruch: »Wenn du bloß einen Teller Gemüse essen willst, mach's zu Hause«, pflegte Orazio Kunden anzupflaumen, die unter Missachtung seiner Kochkunst »nur eine Portion *cicoria*« bestellen wollten. Ach, *cicoria*. Wegwarte wäre der passende, deutsche Ausdruck. Wild wächst sie in den Wiesen der *campagna romana*, hinter den antiken Grabsteinen längs der Via Appia Antica, und ihre dunkelgrünen Blätter bilden das römische Gemüse par excellence. Man isst sie gekocht mit Öl und Zitrone oder scharf in der Pfanne gewendet mit *aglio e peperoncino*, Mammamia! Ein Gedicht mit jenem bitteren Unterton, den es braucht, um sich über die Banalität zu erheben. *Cicoria* ist so alt wie der Römer selbst und so charaktervoll, wie er es gerne sein möchte.

Auf dem Campo de' Fiori findet man sie noch, Wegwarte mit ihren Wurzeln, malerisch aufgetürmt auf den alten Marktkarren im Schatten des Denkmals für den Ketzer Giordano Bruno. Sicher, in anderen Vierteln gibt es weitaus größere Märkte mit üppigeren Gemüseständen und einer Fülle von Fischbänken, während der berühmte, viel besungene Innenstadtmarkt immer weiter zusammenschrumpft. Und die römische Küche gibt es ursprünglicher im ehemaligen Ghetto, in Testaccio und in jenen namenlosen Trattorien des Tiburtino oder des Appio Latino, die niemals Besuch von einem Gourmetkritiker bekommen, sondern immer nur von der eigenen, überaus anspruchsvollen Nachbarschaft. Und dennoch hat der Campo de' Fiori über seinen Mythos hinaus durchaus noch Handfestes zu bieten, wie den *forno* an der Ecke Via dei Cappellari, in dem immer ein unübersehbares Gewimmel herrscht, weil hier die *pizza bianca* so gebacken wird, wie das nur noch wenige in der Innenstadt hinkriegen: dünn und kross, mit einem glänzenden Ölfilm, der an den Fingern hängen bleibt, und mit groben Meersalzkörnern obendrauf. Beim Fleischer gegenüber kann man zuschauen, wie römische Metzger ihr Handwerk betreiben, wie sie hoch konzentriert und mit blank geschliffenen Messern die *fettine* aus dem mächtigen Rindfleischstück säbeln, sie mit dem Messerrücken noch ein wenig flacher klopfen, das Messer kurz wetzen, wieder schwungvoll schneiden, um am Schluss ein perfektes Produkt ordentlich ins Papier zu sortieren. Künstler ihres Fachs, wie die Artischockenhändlerin, die die dicken, grünen Köpfe der *carciofi romaneschi* in Windeseile von ihren harten Blättern befreit, sie mit dem Messer säubert und in eine große Wanne voller Zitronenscheiben legt, fertig zum Verzehr. Ja, Essen und seine Zubereitung sind eine Kunst und immer müssen es die besten Materialien sein, die zu dieser Kunst Verwendung finden. Michelangelo hat schließlich auch nicht mit Tuffstein gearbeitet.

Nirgends ist der römische Koch, mehr noch die Signora, so diskutierfreudig, so leidenschaftlich und prinzipienfest wie auf dem Markt. Gnadenlos machen sie die vor ihnen liegende Ware nieder, um nur das Allerbeste, Frischeste, Feinste nach Hause oder in die Restaurantküche zu tragen. »Was ist mit dem Salat da hinten? Der sieht müde aus, nein den nehme ich heute nicht. Was alt ist, müsst ihr eben zu Hause lassen. Schon gut, schon gut, ihr seid doch alle gleich. Gib mir ein wenig cicoria, aber die echte, wilde, nicht das gezüchtete Zeug. Erdbeeren, wo kommen die Erdbeeren her? Neapel? Um Gottes willen, habt ihr denn keine aus Terracina? Was, die dort? Das könnt ihr meinem Dienstmädchen erzählen, der ihr letzte Woche die Artischocken verkauft habt. Voller Heu waren die, voller Heu. Nein, nein diese Erdbeeren kommen nicht aus Terracina, die sind viel zu groß. Ich möchte die kleinen, runden. Schon besser. Warum hast du mir diese Schale nicht gleich gezeigt? Versteckst sie ganz hinten, eh! Basta, das reicht. Ein Stückchen Sellerie hätte ich noch gern für den sugo und drei Blättchen Basilikum. Und zwei Eier für meinen Enkel, aber heute Morgen frisch gelegt bitte schön, denn er soll sie trinken, der arme Kleine. Was sollen wir machen, Luigi, solche wie uns gibt's doch bald nicht mehr. Ciao, bis morgen, und mi raccomando, dann aber mit mit frischem Salat.«

Halb vertraulich, halb streng von oben herab behandelt die Signora ihren Markthändler. Nie würde sie ihn mit seinem Kollegen betrügen, denn das würde ja das Vertrauensverhältnis, das täglich mit etwas liebevollem Gezeter gefüttert wird, nachhaltig stören. Hat man sich einmal einen Gemüsestand, einen Fischhändler herausgesucht, bleibt man ihm treu und basta. Auch, wenn die Konkurrenz vielleicht die Tomaten etwas preiswerter verkauft. Werden schon ihre Gründe dafür haben, dass sie so billig sind. Auf ihrem Markt suchen die Römer vor allem Qualität. Und auch im Centro Storico sind sie, trotz des unaufhaltsamen Sich-Ausbreitens der *supermercati*, so treue Marktgänger, dass es bis heute in jedem, aber auch wirklich jedem Viertel einen Markt gibt, gleichgültig ob auf dem Campo de' Fiori oder in Tor Bella Monaca, an der äußersten Peripherie. Manchmal handelt es sich um prächtige Markthallen wie an der Piazza Alessandria, wo eine stolze, etruskische Wölfin über Berge von Frischgemüse, Obst, Fleisch und eingelegte Oliven wacht. Andernorts stehen die Marktkarren einfach auf der Straße. Aber *tutta Roma* wird so versorgt, an sechs Tagen in der Woche, von morgens um sieben bis mittags um zwei Uhr.

Schon im alten Rom waren Märkte Chefsache. Die Etruskerkönige ließen den Markt auf dem Kapitol, im Schatten ihres wichtigsten Heiligtums abhalten. In den Mercati Traianei dann, dem größten überdachten Markt der antiken Welt, wurden seit dem zweiten Jahrhundert v. Chr. Delikatessen aus dem ganzen römischen Imperium verkauft. Nicht weniger als hundertfünfzig Ladenlokale waren in den fünf Stockwerken des riesigen Ziegelbaus untergebracht, in denen die römischen Sklaven alles Notwendige für die Festgelage ihrer Herren erstehen konnten: Obst und Gemüse aus der *campagna*, Äpfel, Birnen und Feigen aus Griechenland, Pflaumen aus Damaskus, Zitronen und Granatäpfel aus Afrika und Datteln aus den Wüstenoasen. In den geräumigen Gewölben des ersten Stocks wurden Weine und Öle gelagert, weiter oben Getreide, Hülsenfrüchte und Gewürze. Ganz oben lagen die Becken des Fischmarkts, die aus zwei Leitungen unablässig mit Meer- und Süßwasser gespeist wurden, auf dass die Ware frisch und lebendig vor die Augen der verwöhnten Kundschaft kam. Schließlich konnten die Patrizier geübten Auges Austern vom Kap der Circe von denen aus dem Lukrinersee in Kalabrien unterscheiden.

Es war die Zeit des Lucius Licinius Lucullus (117–57), Konsul und Feldherr, und des Meisterkochs Marcus Gavius Apicius. Letzterer, ein berüchtigter Prasser, der sich als Verfasser eines Kochbuchs für die Nachwelt verdient gemacht hat, hätte das Abendland vor dem BSE-Skandal und anderen Unappetitlichkeiten bewahren können, wäre nur sein »De re coquinaria« Pflichtlektüre an allen Schulen geworden. Apicius wusste nämlich, dass ein guter Koch beim Füttern seiner Schlachttiere Sorgfalt walten lassen muss. Trockene Feigen also für Schweine! Und kurz vor Schluss noch ein besonders gutes Tröpfchen, *mulsum*, römischen Honigwein, ihnen und uns zum Wohle! Es stirbt sich ja besoffen doch leichter, von den Vorzügen für das Fleisch ganz zu schweigen. Und dass der große Apicius, einer der besten Köche und Feinschmecker der Antike und ein Begründer der europäischen Haute cuisine von eigener Hand, ausgerechnet an Gift gestorben ist – sollen wir es einen Treppenwitz der Gourmetgeschichte nennen? Er habe Selbstmord begangen, aus Angst vor dem Verhungern, behaupteten gnadenlose Spötter. Nun, wir müssen das nicht glauben, dürfen aber vermuten, dass Apicius wie so viele Römer nach ihm Zeit seines Lebens vor allem mit Essen beschäftigt war.

Nicht wenige Rezepte des alten Apicius haben sich in leicht abgewandelter Form in der römischen Küche erhalten – wenn man einmal von der Zubereitung von Haselmäusen, Kranichen und Flamingos absieht. Der Feinschmecker gibt Tipps für das smaragdgrüne Aussehen von gekochtem Gemüse: *Si cum nitro coquatur*, wenn es mit Natron gekocht wird, und widmet sich so allerlei Grünzeug, das auch heute noch in Rom auf den Tisch kommt. Spargel und Kürbisse, Artischocken, Endivien, Kohlsprösslinge und Brennnesseln. Auch Trüffeln waren im antiken Rom begehrt, ebenso wie *la porchetta*, das Spanferkel, Tintenfische, Austern und Thunfisch. Mit Süßspeisen hielt man sich zurück – tatsächlich sind sie bis heute der Schwachpunkt der *cucina romana*. Über eine einfache *cros-*

tata, eine Linzer Torte mit Marmelade, die *torta della nonna* mit Pinienkernen oder eine Karamellcreme geht das Angebot in den allermeisten Fällen nicht hinaus.

Die römische Küche ist deftig, gehaltvoll und wenig luxuriös. Sie kennt weder raffinierte Vorspeisen noch komplizierte Hauptgänge und innerhalb Italiens gehört sie keinesfalls zu den »großen Küchen«, wie etwa jene des Piemont, der Toskana oder die Küche Kampaniens. Kulinarisch ist Rom eher Mittelitalien zuzuordnen als Süditalien mit seiner Vielzahl an Fischgerichten und dem großen Bedarf an sonnengereiften Gemüsen. In der Hauptstadt spielen Suppen (*minestre*) eine ebenso große Rolle wie die Pasta und Fleisch von Huhn, Lamm und Rind. Das Gros der Rohprodukte kommt aus der südlich gelegenen Nachbarprovinz Latina, wo intensiver Obst- und Gemüseanbau betrieben wird, sowie aus der weitläufigen *campagna* bei Viterbo, auf deren Hochebenen Schafe und Rinder grasen. Olivenöl aus den Sabiner Bergen gilt als eines der besten Öle Italiens und der Weißwein aus den Castelli Romani, namentlich der Frascati, ist über die Landesgrenzen hinaus bekannt. Der römische Großmarkt, vor einigen Jahren aus den Hallen unweit der Porta San Paolo an den Stadtrand ausgelagert, ist einer der wichtigsten Umschlagplätze Italiens, viele Produzenten verkaufen aber auch direkt auf den Märkten.

Biogemüse wird vor allem in speziellen Läden angeboten, hat den römischen Markt jedoch noch nicht erobert, obwohl ja Italien mittlerweile der zweitgrößte Produzent von Bioprodukten in Europa ist. Aber nicht wenige Gemüsebauern haben ihre Gewächshäuser abgeschafft und bieten nur noch Freilandprodukte an, und die vielen Wildgemüse, die für die römische Küche unabdingbar sind, wachsen ohnehin auf ungedüngten Wiesen oder, wie der als Delikatesse gehandelte wilde Spargel im April, gar im Unterholz der Wälder. Das gilt auch für Kräuter wie die Katzenminze (*mentuccia*), mit der die römische Artischocke gesotten wird, auch sie mittlerweile ein von der EU geschütztes Unikum. Seit über sechshundert Jahren kommt Cynara cardunculus mit dem großen, runden, fleischigen Kopf in Rom auf den Tisch, entweder gekocht als *carciofo alla romana* oder frittiert als *carciofo alla giudea*. Wobei gar nicht oft genug betont werden kann, dass viele Gerichte der römischen Küche wie eben die berühmte Artischocke, die man am besten bei Gigetto unter dem Portico d'Ottavia isst, jüdischen Ursprungs sind. Die kulinarischen Traditionen der zweitausendjährigen jüdischen Gemeinde in Rom haben sich authentisch erhalten, sei es der famose Ricottakuchen mit Sauerkirschen, den man heute noch in der jüdischen Bäckerei unweit der Synagoge frisch aus dem Ofen bekommt, oder die frittierten Zucchiniblüten, seien es *pasta al tonno*, Pasta mit Thunfisch oder Huhn mit Paprika, oder Spinat mit Rosinen und Pinienkernen.

Der allerwichtigste Bestandteil jeder Mahlzeit aber ist das Brot. *Bono come er pane*, gut wie Brot sagen die Römer, wenn sie ausdrücken wollen, dass jemand ein besonders gutes und weiches Herz hat. Ja, *bono*, gut muss es sein, das Brot, und wenn Sie vielleicht gedacht haben, die römischen Bäcker backten ohnehin nur Weißbrot und basta, dann stimmt das einfach nicht. Das Brot ist für die Römer eine Wissenschaft und vielleicht gibt es deshalb in kaum einer europäischen Hauptstadt so viele *forni*, Backstuben, wie in Rom. Wohlgemerkt, Backstuben, in denen keine fertig gerührten Backmischungen in den Ofen geschoben werden, sondern *pane casareccio*, hausgemachtes Brot.

Brot mit knuspriger, knackiger Kruste, deren Duft den

Verkaufsraum vor dem *laboratorio* erfüllt. Brot aus Genzano Romano, luftige römische Rosetta-Brötchen, Holzofenbrot, ungesäuertes Brot, Pizza. Der eine ist Spezialist für Zwiebäcke, der andere für Brot aus Hartweizenmehl, wieder ein anderer macht einen unnachahmlichen *filone*, eine Art römisches Baguette. *Bono* aber ist es immer, sonst gehen die anspruchsvollen Kunden zum Nächsten. Natürlich wird auch in der Bäckerei diskutiert, auf Teufel komm heraus. »Gib mir das Stückchen casareccio da oben rechts. Ja, ja, diese Hälfte da, das reicht mir doch heute. Signora, haben Sie Geduld, bitte, ich bin jetzt dran. Ich bin vor Ihnen eingetreten, haben Sie das nicht gesehen? Haben Sie Geduld, sage ich. Zeig mal her. Nein, das nehme ich nicht, das ist mir zu verbrannt. Hast du nicht ein anderes, etwas heller? So ist es gut. Und drei Rosette, die aber ben cotte, gut durchgebacken, andere will mein Mann nicht, du kennst ihn ja.«

Römische Bäcker haben immer ein Gratisstück Pizza für die Kinder parat, und nicht von ungefähr drängen sich vor den Pforten der Backstuben die Bettler: Hast du ein *pezzetto di pizza*? Ein Stückchen Brot, direkt aus dem Ofen, muss es für alle geben in dieser Stadt. *Bono come er pane, brutta coma la fame.* Gut wie Brot und hässlich wie der Hunger.

Kein Römer schafft es, ohne Brot zu essen, noch nicht einmal Pasta, geschweige denn Fleisch, Gemüse, Suppe, Salat. »Iss wenigstens ohne Brot«, sagen die Großmütter, wenn ihre Enkel partout keinen Appetit zeigen, iss ohne Brot, das ist *il massimo* an Selbstkasteiung. Der römische »Schnuller« aber ist ein Stückchen aus dem weichen Brotinneren, das in Wasser getunkt und anschließend in Zucker gewälzt wird, damit ist garantiert jeder Säugling still und zufrieden.

Manche Trattorien kochen noch heute nach dem »Küchenkalender« vergangener Jahrhunderte. *Giovedì gnocchi*, donnerstags Kartoffelklößchen, das ist ohnehin der Dreh- und Angelpunkt der römischen Woche, und wenn man die Gnocchi nicht selber machen kann oder will, muss man sie möglichst frühmorgens kaufen, denn nachmittags sind die Lebensmittelgeschäfte und Pasta-Läden geschlossen. *Giovedì gnocchi*, montags Bohnen mit Speck, dienstags Schmorbraten (oder Sardinen mit Endivien), mittwochs *coda alla vaccinara*, römischer Ochsenschwanz, freitags Fischsuppe oder *baccalà*, Stockfisch, samstags Kutteln und sonntags *supplì*, frittierte Reiskugeln mit Bratenresten und Mozzarella. Bei den Hauptgerichten spielt das *quinto quarto*, das fünfte Viertel vom Schlachttier immer noch eine gewisse Rolle. Innereien machten früher den Hauptbestandteil der *cucina popolare* aus, heute sind sie etwas aus der Mode gekommen, genau wie der Ochsenschwanz und die *trippa*, die Kutteln. *Coratella d'abbacchio con i carciofi*, also Lamminnereien mit Artischocken, eines meiner Lieblingsgerichte, gibt es nur noch in verschwindend wenig Lokalen. Wenn Sie es vielleicht nachkochen möchten, brauchen Sie (für sechs Personen):

> Innereien von zwei Lämmern (Herz, Leber, Milz, Nieren und Lunge), 6 römische Artischocken, etwas Schmalz oder Olivenöl, Salz und Pfeffer, 1 Zitrone

Die Artischocken von den groben Blättern befreien und in nicht zu feine Streifen schneiden, dann in Öl und Schmalz in einer Pfanne dünsten. In einer größeren Pfanne zunächst die fein geschnittenen Lungen, dann die Herzen anbraten. Die noch nicht ganz weichen Artischocken dazugeben, Fleisch und Gemüse vermischen und ganz zum Schluss die geschnittenen Leberhäppchen hinzufügen. Wenn diese rosa gebraten sind, salzen und pfeffern, einen Spritzer Zitronensaft (oder Weißwein) darüber geben und sofort servieren.

Edler und ausgesprochen *romanesco* ist das gegrillte Lamm *a scottadito* und das Lammgulasch *abbacchio alla cacciatora*, Jägerin Art, mit Knoblauch, Rosmarin, Salbei, eventuell zwei salzigen Anchovisfilets und einem halben Glas Essig. Wobei der *aceto balsamico*, der ja aus Modena kommt, in der römischen Küche ebenso wenig zu suchen hat wie der Parmesankäse. Ursprünglich wurde nur *pecorino romano*, reifer Schafskäse, über die Pasta gerieben. Der Pecorino ist, das noch immer, Protagonist des traditionellen römischen Spaziergangs zum 1. Mai geblieben. Am Tag der Arbeit wandelt man, Pecorino und *fave*, die frischen Saubohnen, im Gepäck, auf der Via Appia Antica. Die *fave* werden roh gegessen und bilden einen frischen, saftigen Kontrast zum scharfen Pecorino. Natürlich gibt es Brot und Weißwein dazu und das Ganze ist ein wirklich erhebendes Mahl.

Jetzt muss aber endlich die Pasta drankommen, schließlich sind wir in der Kapitale der Nudelesser. Viel Schindluder wird auch in Rom mit dem Paradestück der italienischen Küche getrieben. Der Gourmetkritiker Livio Jannattoni hat folgende, hier stark gekürzte Liste von Scheußlichkeiten erstellt, die ihm in den Restaurants seiner Heimatstadt mächtig aufgestoßen sind:

Cannolicchi alla macellara (mit Butter, gehacktem Kalbfleisch, Sahne und Parmesan)
Cannolicchi allo speck
Spaghetti alla Wodka (!)
Tortelloni mit Sahne, Butter und Tomaten

Penne al Whisky
Rigatoni alla norcina (mit Käse, Sahne und Wurst)
Rigatoni alla crema di cavolo (mit Kohl-Sahnesauce)
Pasta al salmone (mit Lachs)
Spaghetti alla gorgonzola
Spaghetti al cognac
Rigatoni al fico (mit Schinken, Pilzen, Erbsen, Eigelb)

Die Küche geht mit der Mode und vor Fehltritten ist sie nirgends gefeit. Butter hat allerdings in einer römischen *pastasciutta* genauso wenig zu suchen wie Sahne. Die Spaghetti *alla carbonara* etwa, eines der bekanntesten, wenn auch jüngsten Gerichte der *cucina romana*, werden auf gar keinen Fall mit Sahne verlängert. Auch Zwiebeln oder Knoblauch gehören nicht in das Gericht, sondern nur gebratener Speck, Olivenöl, Pecorino und eben jene sechs Eier, die mit der kochenden Pasta stocken sollen. Eine einfache römische *pastasciutta* ebenso wie die beliebten Spaghetti *a cacio e pepe* (wenig Öl, Pecorino und viel schwarzer Pfeffer) oder das römische »Nationalgericht« *Ajo, ojo e peperoncino* – Knoblauch, Öl und geriebene Pfefferschote. Einfacher geht es wirklich nicht und doch können gestandene Hausfrauen, mehr noch deren Männer, über die richtigen Anteile für die »Soße« eines solchen *classico* vehement debattieren. Spaghetti und andere *pastasciutta* (trockene Pasta) sind eben Vorspeisen auf dem Weg zum *abacchio* oder zur *saltimbocca alla romana*, wunderbar dünnen Kalbsschnitzeln mit Schinken und Salbei.

Wenn es allerdings festlich wird, müssen Fettuccine her, die langen römischen Bandnudeln. Man kann sie kaufen in den Pasta-Manufakturen, von denen es leider im Centro Storico immer weniger gibt. Dort wird der vorbereitete Eiernudelteig durch die Maschine gedreht – Fettuccine oder lieber etwas breiter oder dünner? In der Trattoria werden sie selbst gemacht. *Ai funghi porcini* gibt es sie dann, mit Steinpilzen. *Al ragù*, mit Hackfleischsauce, ein Rezept aus der Ciociaria, dem Landstrich südlich von Rom. Der Pommidoro, Pasolinis Lieblingslokal in San Lorenzo, serviert sie mit frischem Gemüse. *Alla romana* sind sie mit Hühnerleber, Rotwein und Lorbeer. Auf Römisch heißen die Hühnerinnereien *regaglie* oder *rigaglie*, das leitet sich vom lateinischen *regalia* ab, eines Königs würdig. *Regalo*, das italienische Wort für Geschenk, hat denselben Stamm. Und tatsächlich ist ein Teller *Fettuccine alla romana* eine ziemlich königliche Angelegenheit.

(Sechs Personen): 900 g Fettuccine, 300 g gehacktes Rindfleisch, Olivenöl, Stangensellerie, 1 Karotte, 1 Zwiebel, ein halbes Glas Rotwein, zwei Lorbeerblätter, 1 kg eingemachte Tomaten, zwei feinst gehackte Hühnerlebern (oder -mägen), Pfeffer und Salz

Hühnerinnereien säubern, fein hacken und etwa eine Viertelstunde lang gar kochen. Abgießen und beiseite stellen. Fein gehackte Zwiebel, Sellerie und Karotte in Olivenöl andünsten. Nach vier Minuten das Hackfleisch beigeben und für zwanzig Minuten schmoren lassen. Den Rotwein und die Lorbeerblätter zufügen, einkochen lassen und erst, wenn die Masse trocken wird, die Tomaten hinzugeben. Schließlich die Hühnerlebern hinzufügen und die Soße auf kleinster Flamme noch etwa eine Stunde köcheln lassen. Zum Schluss pfeffern und salzen und die Soße gut mit den *al dente* gekochten Fettuccine mischen.

Die Kunst der eigenen Pastaherstellung wird in den Familien vielleicht nicht mehr ganz so selbstverständlich weitergegeben wie früher. Doch nach wie vor ist gutes Essen und Trinken wichtigste Bedingung für Lebensqualität und Verwandte, Freunde oder auch Kollegen zum Abendessen einzuladen unverzichtbarer Bestandteil des gesellschaftlichen Lebens. *Facciamoci una spaghettata*, heißt es dann, aber natürlich handelt es sich niemals nur um einen einfachen Teller Spaghetti. Die Einladung zur *cena* beinhaltet immer mindestens drei Gänge. Plus *contorno*, zum Beispiel Salat. Die Gäste bringen den *vino* mit oder einen *dolce*, nämlich Torte oder Eis. Vor neun Uhr abends geht es nie los mit dem Essen. Dann sitzt man Stunden an der Tafel, die erst weit nach Mitternacht aufgehoben wird. Aber auch der *pranzo*, das ausgiebige Mittagessen, ist noch nicht ganz ausgestorben. Der so genannte *pranzo d'affari*, das Geschäftsessen, kann sich ebenfalls ganz schön hinziehen, und *vino* gibt es natürlich auch dazu: Wer soll denn bei Wasser Verträge abschließen?

Eigentlich sind Römer Küchenchauvinisten – ihre Toleranz allem Fremdländischen gegenüber hört beim Essen auf. Mit wohligem Schauder können sie von den unvorstellbaren Speisen fremder Länder berichten, unglaublich, was die Engländer essen, zu schweigen von den Deutschen … Meine Schwiegermutter hatte wenigstens einmal auf einem Rheindampfer Erbsensuppe probiert und für gut befunden, aber mein Schwiegervater war jahrelang davon überzeugt, dass man in einem deutschen Restaurant allenfalls einen Schinkenteller zu essen bekommt. Er war 1966 zuletzt in Deutschland gewesen, zu einer Zeit, als in den Gastwirtschaften um 21 Uhr die warme Küche schloss. Außerdem hatte er einmal aus Versehen in einem deutschen Supermarkt eine Dose Hundefutter ergattert. Als ich voller Stolz aus Westfalen einen Schinken mitbrachte, sagte meine Schwiegermutter nur: »Nett von dir, ist bestimmt nicht schlecht zum Kochen. Weißt du, roh essen wir so was lieber nicht.« Vielleicht dachte sie auch an Hundefutter. Jedenfalls bekamen wir lange Zeit von beiden mit schöner Regelmäßigkeit Kisten voller Olivenöl geschickt – wohl weil sie in der Schreckensvorstellung lebten, ihre deutsche Schwiegertochter würde sonst nur mit Butter kochen.

Neuerdings aber gibt es in Rom – ausländische Restaurants. Afrikaner, Libanesen, Spanier. Und die angesagten Trattorien machen nicht mehr nur gesottenen Ochsenschwanz, sondern »Fusion«-Küche, die römische Variante von Multi-Kulti-Küche. Couscous ist schwer im Kommen, auch auf den Terrassenpartys der High Society, und natürlich Sushi. Es sind kleine, bunte Flecken am Rande des Imperiums der *cucina romana.*

Piazza Venezia

Der Stärkere gewinnt, außer im Stau

Über die Piazza Venezia fährt fast jeder Römer einmal am Tag, sei es in einem der Autobusse ohne Stoßdämpfer, im Auto oder auf dem Mofa. Es ist ein ewiges Brausen, Röhren und Kreischen und der Dirigent dieses Konzerts der Motoren steht auf einem kreisrunden Podest vor der Einmündung der Via del Corso. Ein *vigile*, ein Verkehrspolizist, dessen Helm den Schriftzug SPQR trägt, leitet mit weiß behandschuhten, weit ausladenden Gesten den Verkehr. *La ballerina* nennen die Römer so zärtlich wie respektlos den Maestro von der Piazza Venezia, als wenn der personifizierte Arm des Gesetzes nur ein Vortänzer wäre, ausgeschickt zu ihrem Amüsement. Manche *ballerina* zelebriert ihren Schichtdienst aber auch mit augenscheinlichem Vergnügen, winkt den Mädchen auf dem Roller zu, stoppt mit Grandezza den Bus, um eine Signora den Platz überqueren zu lassen, vollzieht jede Bewegung, als handle es sich um den unverzichtbaren Bestandteil einer ausgetüftelten Choreographie. Andere machen mürrisch Dienst nach Vorschrift und verlassen öfter mal ihr Podest zu einer schnellen Kaffeepause. Dann gilt auf der Piazza Venezia das Recht des Stärkeren: Wer sich nicht durchsetzen kann und nicht einfach losfährt, macht jetzt am besten auch eine Pause, denn ohne fremde Hilfe kommt er sowieso nicht von der Stelle.

Römischer Verkehr ist Darwinismus in seiner reinsten Form. »Rom ist die einzige Stadt«, klagte einmal in einem Brief ein Leser der *Repubblica*, »in der man in der Fußgangerzone von einem Mopedfahrer angefahren wird. Und während man noch benommen auf dem Boden liegt, steigt der wieder auf und brüllt einen an: ›Du Arschloch, musst du mir in den Weg kommen?‹ Und fährt ungerührt weiter.« In Rom kann man beobachten, wie ein Mann in Tramfahreruniform zu Fuß die Straßenbahnschienen überquert und ein Taxifahrer vor ihm eine Vollbremsung machen muss. Das Taxi hatte Grün, der Tramfahrer schreit: »Bist du blind, du Scheißkerl?! Das ist die einzige Stadt der Welt, in der man noch nicht mal in Ruhe die Straße überqueren kann. Schert euch zum Teufel, du, und deine ganze Familie.«

Nur, wer rücksichtslos genug ist, kommt weiter. Wobei die Durchschnittsgeschwindigkeit in der so genannten Rushhour gerade mal sechs Stundenkilometer beträgt. Doch selbst im Stillstand wird um jeden Millimeter gekämpft. Unübertroffen die Fähigkeit römischer Autofahrer, eine »neue Reihe zu eröffnen«, etwa auf der ohnehin dreispurigen Tiber-Uferstraße, dem Lungotevere, der zu Stoßzeiten unweigerlich vier- oder fünfspurig wird. Abstandhalten ist der Römer Sache nicht, denn wer zu viel Distanz zwischen der eigenen Stoßstange und der des Vordermannes lässt, lädt am Ende einen Dritten ein, den frei gewordenen Platz zu nutzen. Wenn am Sonntagabend halb

Rom vom rituellen Ausflug in das grüne Umland der Campagna zurückkehrt und sich vor der Mautstation der Autobahn wieder trifft, kann man die extremsten Auswüchse dieser Nahkämpfe beobachten.

Grundsätzlich bilden sich vor einer Mautschranke mindestens zwei Wartereihen und grundsätzlich lässt die Reihe, die den zur Schranke günstigeren Winkel besetzt, die andere nicht heran. Grundsätzlich steht man selbst immer in der falschen Schlange, beäugt neidisch diejenigen, die schneller abgefertigt werden, und greift kurz vor dem Nervenzusammenbruch zu Mitteln am Rande der Legalität: Warnblinklicht an, weißes Taschentuch aus dem Beifahrerfenster und einfach drauflosfahren, irgendjemand wird schon Platz machen. Aber es kann noch schlimmer kommen: Endlich ist man vor der Mautschranke angekommen und hat die Kreditkarte in den Automaten gesteckt – um dann bemerken zu müssen, dass sich die Schranke partout nicht heben will, während über ihr ein rotes Warnlicht angeht. Schranke defekt, heißt das, Marsch zurück und sich wieder neu anstellen. Garantiert in der falschen Schlange.

Und dennoch gibt es Momente, in denen die Einzelkämpfer sich zusammenrotten zu einer schweigenden Masse, die im selben, instinktiven Takt fühlt und handelt. Schließlich ist ein Römer, wie *la Repubblica* feststellte, »zuallererst homo automobilisticus und dann erst sapiens«. Zu beobachten ist das – vor einer roten Ampel. Ohnehin gibt es zwei Sorten von Ampeln, die normale und die »fakultative«, nicht ernst zu nehmende Fußgängerampel, bei der Rot noch lange nicht »anhalten« signalisiert. Wer vor solchen Ampeln bremst, muss damit rechnen, vom eiligen Hintermann wild hupend zum Weiterfahren gedrängt zu werden. Steht man aber vor einem normalen Rotlicht still, so kann man die Intensität des römischen Ampelfeelings erleben. Jeder Einheimische scheint kraft seiner tausendjährigen Erfahrung genau zu wissen, wie lange eine Ampel auf Rot zu stehen hat. Ist diese Zeit abgelaufen und das Licht springt trotzdem nicht um, so fährt man einfach los. Und das wirklich Phänomenale an dieser inneren Alarmglocke ist: Sie schrillt bei allen gleichzeitig. Der Erste in der Schlange fährt – vorsichtig, denn noch hat ja die Gegenseite ungebremst grün – und die anderen folgen ihm in einem natürlichen Impuls. Römische Kinder, denen kaum ein Elternteil zumutet, hinter Sicherheitsgurte gezwängt zu werden, genießen diese Art der Verkehrserziehung bereits im zarten Alter. Auf dass auch bei ihnen später die innere Ampel pünktlich umspringt.

Nicht-Römer hingegen, denen solcherlei Instinkte gemeinhin abgehen, erleiden angesichts des Chaos auf den Straßen der Hauptstadt nicht selten Panikattacken: Wie komme ich hier bloß über die Straße? »Na, losgehen«, wird ihnen geantwortet, als wenn das so einfach wäre. Wegen der oben erwähnten Optinionalität von Fußgängerampeln kann man sich als Fußgänger noch längst nicht darauf verlassen, dass die übrigen Verkehrsteilnehmer anhalten, nur weil man selbst auf der grünen Ampel ein aufmunterndes »Avanti« liest.

Noch schwieriger wird es auf dem Zebrastreifen. Die meisten Römer sind der Ansicht, die merkwürdigen weißen Flecken auf dem Asphalt bedeuteten nichts anderes als: *Attenzione*, hier ist vor hundert Jahren mal ein Fußgänger rübergelaufen und seine Erben könnten nun auch auf die Idee kommen, ausgerechnet an dieser Stelle die Straße zu überqueren. Aber wer wird denn gleich bremsen! Auf dem Zebrastreifen stehend, kann man erleben, wie geschickt römische Autofahrer Hindernissen aller Art auszuweichen wissen – auch im letzten Moment und mit überhöhter

Geschwindigkeit. Wenn man sich davon nicht beeindrucken lässt, kommt man mit großer Wahrscheinlichkeit heil auf der anderen Seite an. Es gibt jene seltenen Momente – etwa wenn man fünf Kinder im Schlepptau hat –, in denen ein Auto mit quietschenden Reifen exakt zwei Zentimeter vor der Fußspitze zum Stehen kommt und der Fahrer mit einem großzügigen Lächeln den Weg weist: *Prego* – ich habe eigens für euch angehalten. Dann gilt es, erleichtert zurückzustrahlen und ein überzeugtes *Grazie mille* zu rufen, schließlich darf man seine Mitmenschen nach einer guten Tat nicht frustrieren.

Römer sind Verkehrs-Anarchisten. Sie machen, was sie wollen – wenn sie können. So kann man beispielsweise erleben, dass der eigene Ehegatte nächtens bei der rasenden Fahrt in der Gegenrichtung einer winzigen Einbahnstraße der Altstadt die Scheinwerfer des Fiats ausmacht, »damit uns die Polizei nicht sieht«. Und überhaupt: »Ist doch nur ein Stückchen.« Erst seitdem es für Verstöße Punktabzug beim Führerschein gibt, wird die Straßenverkehrsordnung nicht länger für eine unverbindliche Empfehlung paragraphenvernarrter Spinner gehalten. Wenn die Stadtverwaltung ein Fahrverbot wegen Smogs erlässt, sieht man immer weniger Autos auf den Straßen (im Schnitt fünftausend Bußgelder für Unverdrossene) und neuerdings schnallen sich Fahrer und Beifahrer sogar innerhalb der Stadtgrenzen an. Außer im Taxi. So viel Freiraum muss sein. Und wozu ein so lästiges Ding wie der Blinker erfunden wurde, weiß die Mehrheit der Auto-Anarchisten immer noch nicht. Wenn man abbiegt, biegt man ab, oder? Was geht das die anderen an?

Ihren Straßengenossen gegenüber sind sie tolerant, solange sie nicht am Weiterfahren gehindert werden, und gegenüber dem *vigile* hegen sie eine inbrünstige Hassliebe.

Die *multa*, das Knöllchen, wird in den seltensten Fällen widerstandslos bezahlt. Zunächst diskutiert man mit dem Polizisten, der den Strafzettel schreibt, und nach Erhalt des Bußgeldsbescheids noch einmal an der zentralen Beschwerdestelle, wo geschultes Personal die schlimmsten Anschuldungen an sich abperlen lässt und zur Disziplinierung der aufgebrachten Beschwerdeführer Nummern verteilt, damit die Protestler wenigstens ordentlich in der Schlange stehen. Ungefähr dreieinhalb Millionen Bußgelder werden jährlich ausgegeben, die meisten wegen Falschparkens (gern in zweiter oder dritter Reihe), gefolgt von »bei Rot über die Ampel«. Bei Letzterem wurden im Jahr 2003 knapp 200 000 Autofahrer erwischt, also jeder zehnte der zwei Millionen. Betonung auf: »erwischt«.

»Pija er numero delle scarpe«, verhöhnte die Moped-Armada den Polizisten, der vergebens versucht hatte, sie wegen eines Verstoßes anzuhalten, »schreib doch meine Schuhgröße auf«. Bis vor wenigen Jahren hatten Vespas, Mofas und Scooter kein Nummernschild, was bedeutete, dass sich ihre wilden Reiter im vollkommen rechtlosen Raum bewegten. Mit über 600 000 inzwischen ordnungsgemäß angemeldeten und versicherten *motorini* hält Rom den Weltrekord an motorisierten Zweirädern. Das *motorino* ist unangefochten das schnellste Fortbewegungsmittel in der Stadt, dessen öffentliche Verkehrsmittel zwar billig, aber ausgesprochen rar und langsam sind. In Rom kommt auf 1000 Einwohner nur ein Autobus. Die Busse fahren nie verspätet, weil es nämlich schlicht keine Fahrpläne gibt, ebenso wenig wie für die 150 Straßenbahnen. Immerhin soll an den Haltestellen künftig die Ankunft des nächsten Busses elektronisch angekündigt werden, wie es in der Metro bereits geschieht. Jeder neue Wagen für das mit 38 Kilometern kürzeste U-Bahn-Netz europäischer Großstädte wird stolz in der Lokalpresse gepriesen. Kurz vor Mitternacht ist in der Metro Schluss. Nachts durchqueren nur noch Busse die Stadt – im Stundentakt.

Taxis sind teure Mangelware, weswegen nicht wenige Stammkunden »ihren« persönlichen Taxifahrer haben, den sie jederzeit anrufen oder für eine Nachtschicht vorbestellen können. Die chronische Unterbesetzung römischer Taxistände (bei nur 5800 Wagen) wird von den *tassisti* erbittert verteidigt. Jeder Versuch der Stadtverwaltung, neue Lizenzen auszugeben, führt zum Streik der Chauffeure, die keine Konkurrenz wünschen. Dann blockieren die weißen Taxis mit dem Stadtwappen die Piazza Venezia und legen den Innenstadtverkehr lahm. Das Ergebnis der Lizenz-Blockade sind zahlreiche illegale Taxis, deren Fahrer davon leben, ahnungslose Touristen buchstäblich auszurauben. Die Illegalen fangen ihre Opfer am Flughafen oder am Bahnhof ab, um sie zur Zahlung von Phantasiesummen zu zwingen. Regelmäßig berichtet die Lokalpresse über die Raubzüge dieser Wegelagerer, die es besonders auf Japaner abgesehen haben.

Steigen Sie also immer nur in ein Taxi mit Stadtwappen auf der Tür, achten Sie darauf, dass der Taxameter angestellt wird, und versuchen Sie niemals, mit einem Taxifahrer zu diskutieren, der Ihnen am Ende der Fahrt ein paar Euro Zuschlag für Ihr Gepäck oder für die späte Stunde abnimmt. Erstens ist das sein gutes Recht, zweitens ist der *tassista romana* eine mythische Figur, dessen Gesellschaft ohnehin nicht mit Geld aufzuwiegen ist. Der *tassista* ist ebenso rau wie herzlich und vor allem gesprächig, er hat eine im Allgemeinen flexible Lebensphilosophie, die sich nach dem Motto »Leben und leben lassen« den Erwartungen des Fahrgastes anschmiegt, und er kennt Rom seit mehreren hundert Jahren. Wunderbare Menschen kann man am Steuer eines Taxis treffen – die ausgebildete Kürschnerin, die an die umweltbewussten jungen Römerinnen keine Pelze mehr verkaufen konnte und deshalb ins Taxi stieg. Den werdenden Vater, der während der Fahrt von der Schwangerschaft seiner Ehefrau erfährt und vor lauter Glück kaum weiterfahren kann: Signora, nach dreizehn Jahren! Den Fußballfan, der eine Tour zum Olympiastadion übernommen hat und sichtlich darunter leidet, nicht selbst auf die Tribüne gehen zu können. Man setzt sich auf die Rückbank – immer! – und hört ihnen zu und wenn man drei Tage lang Taxi gefahren ist, kennt man der Ewigen Innerstes.

Jahrzehntelang hatte sich die römische Stadtverwaltung nicht getraut, den unbändigen Freiheitsdrang der Autofahrer zu beeinträchtigen. Man wollte die Wähler nicht provozieren und verzichtete deshalb auf die Verkehrsberuhigung der Altstadt. Freie Fahrt für alle – und manche fragten sich angesichts der smoggeschwärzten Monumente ahnungsvoll: »Sieht meine Lunge auch so aus?« Sogar Papst Johannes Paul II. beklagte sich einmal beim Bürgermeister darüber, dass er wie alle anderen Römer den Dauerstress in dem stinkenden und lärmenden Verkehrschaos als Zumutung empfinde. Erst als die Smogdaten immer Besorgnis erregender wurden, griffen die Politiker auf dem Kapitol hart durch. So hatte etwa die Weltgesundheitsorganisation WHO 1999 in einer Studie festgestellt, dass Smog in Rom jährlich 1300 Todesfälle verursache. Andere Wissenschaftler wiesen darauf hin, dass römische Kinder täglich den giftigen Gegenwert von dreizehn Zigaretten einatmen müssten. Verkehrspolitik ist in Rom traditionell eines der wichtigsten Wahlkampfthemen. Immer wieder machen die Innenstadthändler massiv gegen die Sperre des Centro Storico mobil, die im Heiligen Jahr 2000 eingeführt wurde. Von den Römern weitgehend ignoriert – sie fuhren einfach weiter. Zwischen Juni 2002 und Juli 2003 verzeichneten die elektronischen Wächter im verkehrsberuhigten Gebiet 1,8 Millionen Verstöße. Dabei ist der Versuch das Verkehrschaos im Zentrum einzudämmen keineswegs eine neuzeitliche Erfindung.

Bereits Cäsar hatte im Jahre 45 v. Chr. ein Fahrverbot für die Urbs erlassen. Außer Triumphwagen, Bauwagen und der Müllabfuhr mussten alle Fahrzeuge von Sonnenaufgang bis zum späten Nachmittag außerhalb der Stadtmauern geparkt werden. Wer nicht zu Fuß gehen wollte, konnte sich eine Sänfte mieten. Die Verordnung galt immerhin dreihundert Jahre lang, bis hohen Beamten und Senatoren das Vorrecht eingeräumt wurde, zu jeder Tages- und Nachtzeit mit silberbeschlagenen Luxuswagen durch die Stadt zu brausen. Heute heißen die Dienstwagen der Mächtigen, die sich an überhaupt keine Verkehrsregel halten müssen, *auto blu*. Und das Tagfahrverbot für die Altstadt gilt wieder – natürlich abgesehen von vielen tausend Ausnahmen. Wenn aber, was im Winter ungefähr einmal im Monat passiert, der Bürgermeister einen komplett autofreien Sonntag ausruft, dann erleben die Römer eine ganz andere Stadt.

Piazzale Scipione Borghese

Kirchen, Kunst, Museen – wie die Mäzene der Kurie die Stadt prägen

Kardinal Scipione Borghese war verrückt nach Bildern. Mit den berühmtesten Künstlern seiner Zeit schloss er Exklusivverträge ab, um zu verhindern, dass sie für andere Auftraggeber arbeiteten. Wenn es um Kunstwerke ging, legte Scipione, der Kirchenfürst, eine beeindruckende Skrupellosigkeit an den Tag. Einmal beschlagnahmte er aus der Werkstatt eines Malers einfach über hundert Bilder, darunter einige Caravaggios, nachdem deren Besitzer mit der Steuer in Verzug geraten war. In die Familienkapelle eines Adelsgeschlechts in Perugia schickte er Diebe, die ihm Raffaels »Grablegung« besorgen sollten. Auf Betreiben des kunstbesessenen Kardinals wurde Domenichino ins Gefängnis geworfen, weil er sich weigerte, seinem exzentrischen Mäzen die »Jagd der Diana« abzutreten. Caravaggio kaufte er die »Sant'Anna dei Palafreni« ab, ein Gemälde, das die Zunft der Wagenlenker bestellt hatte, dann aber doch nicht haben wollte, weil die Heilige eindeutig die Züge einer stadtbekannten Prostituierten trug.

Dem Kardinal war das gleichgültig: Erst kam für ihn die Kunst und dann die Moral. Das hatte er mit Kardinal del Monte, dem Förderer Caravaggios, gemeinsam, dessen Sammlung rund siebenhundert durchaus nicht immer religiöse Bilder umfasste. Der Nachwelt hinterließ Scipione Borghese die Galleria Borghese, eine der größten und schönsten Privatsammlungen der Welt.

In der Villa Borghese kann man Berninis David bewundern, sein 1623 / 24 geschaffenes Meisterwerk, eine wunderbare Synthesis von *storia* und *espressione* – also dramatischem Moment und Ausdruck – des David, in dem Bernini sich selbst porträtiert hat. In Scipione Borgheses Auftrag schuf Bernini wenig später auch »Apoll und Daphne«, wieder ein in Marmor gemeißelter, theatralischer Augenblick, in dem Apoll nach seiner geliebten Daphne greift, die sich aber sträubt und es vorzieht, in einen Lorbeerbaum verwandelt zu werden.

Scipione hat Gianlorenzo Bernini berühmt gemacht. Als noch nicht Zwanzigjähriger trat er in die Dienste des Papstneffen und wurde schon für seine erste Skulpturengruppe »Aeneas und Anchises« mit der damals ungeheuren Summe von 350 Scudi entlohnt.

Berninis Aufstieg im Rom der Gegenreformation ist eine typische römische Künstlerkarriere, wie sie im 15. Jahrhundert mit Fra Angelico begann und gut 400 Jahre später mit Antonio Canova endete: die Laufbahn eines Nicht-Römers, der von Kirchenfürsten entdeckt und in ihre Dienste berufen wird, um schließlich am päpstlichen Hof den Höhepunkt seines Berufslebens zu erreichen.

Jahrhundertelang haben die Päpste Kunst und Architektur in Rom gefördert und gelenkt und dem Erscheinungsbild der Stadt bis auf den heutigen Tag ihren Stempel aufgedrückt. Es ist überhaupt kein Wunder, dass die umfangreichen Bände römischer Kunstgeschichte nach ausführlichen Schilderungen der Antike, der Renaissance und des Barock sowie einem substanziellen Abriss des Mittelalters höchstens ein kleines, schamhaft am Schluss verstecktes Kapitel über die Moderne aufweisen können: Diese Stadt, über die Le Corbusier 1922 befand, sie sei »ein malerischer Basar im Ausverkauf«, der »sämtliche Gräuel und den schlechten Geschmack der römischen Renaissance« feilbiete, diese Stadt ist bis heute auf einzigartige Weise von der Machtarchitektur, aber auch dem verschwenderischen künstlerischen Feinsinn und der Sammlerleidenschaft der Päpste geprägt. Was danach kam, waren nur die klotzige Architektur der Reichsgründer und die Abrissbagger Mussolinis, bis man in den 1950er Jahren merkte, dass es doch wohl besser wäre, die größte Altstadt der Welt geschlossen unter Denkmalschutz zu stellen.

Inzwischen hat Rom einige moderne Bauwerke von internationalem Rang. Da wäre die Ara Pacis, die von dem amerikanischen Stararchitekten Richard Meier 2006 geschaffene Museumshalle für den Friedensaltar des Augustus. Ein strahlend weißes, von großen Glasfenstern durchzogenes Bauwerk, das Meiers Landsmann Julian Schnabel zu der Bemerkung hinriss: »Sieht aus wie eine zu groß geratene Klimaanlage.« Doch die Römer lieben es, genau wie die größte Moschee Europas, die Paolo Portoghesi am nördlichen Stadtrand schuf und genau wie Renzo Pianos Auditorium gleich daneben. Seit seiner Eröffnung 2002 ist dieser Musikpark mit den drei Konzerthallen, deren Dächer an Panzer von Gürteltieren erinnern, bei den Römern ausgesprochen beliebt. Sonntags flanieren sie mit Kind und Kegel durch die Anlage – weil man sich dort endlich auch so richtig modern fühlen kann. Wie in New York oder wenigstens Paris, der beneideten, bewunderten

Konkurrentin, »Lieblingsexil« für römische Intellektuelle, die ihre Heimatstadt nur noch muffig und provinziell finden, weil »da ja schon viel zu lange überhaupt nichts mehr passiert«. Tatsächlich ist es lange her, dass Rom eine Ausstellung von internationaler Dimension beherbergte, wie sie in Paris alljährlich stattfindet. Die römischen *mostre* sind durchweg von quantitativer und qualitativer Bescheidenheit. Man wird grundsätzlich auf den allerletzten Drücker mit der Präsentation fertig und hängt, wenn die Besucher schon eingetroffen sind, lässig die letzten Bilder auf. Die Objekte werden oft nach undurchsichtigen Maßstäben ausgewählt, selten sind Leihgaben großer Museen außerhalb Italiens dabei. Auch die Kunstszene der italienischen Hauptstadt ist im internationalen Vergleich recht übersichtlich und Neuankömmlingen gegenüber ziemlich verschlossen. Seit der Antike hat es in Rom Mäzene gegeben und es gibt sie auch heute noch. Neuerdings sind es aber Baulöwen oder andere reiche Industrielle, die ihr Geld verschwenderisch nicht mehr in die Kunst, sondern lieber in den Fußball investieren. In Turin haben die Agnellis neben der Juventus auch eine umfangreiche Sammlung moderner Kunst erworben. Sie ist über jener Piste öffentlich ausgestellt, auf der einst die neuesten Fiat-Modelle ihre Probefahrt absolvierten. In Rom fehlt es dem Establishment an Sinn für moderne Kunstförderung.

Nur über *amici degli amici* kann ein junger Künstler in Rom bekannt werden und die exorbitanten Ladenmieten verhindern, dass avantgardistische Konkurrenz die etablierten Galerien in der Via Margutta und rund um die Via Giulia endlich ein wenig aufmischt. Nicht wenige Maler und Bildhauer, die nach Rom kamen, um dort auf den Spuren großer Vorbilder ihr Glück zu versuchen, sind in die nahe gelegene Provinz abgewandert, wo das Publikum freundlicher und eine Werkstatt erschwinglicher ist. So transferierte sich etwa eine ganze Künstlerkolonie aus der Hauptstadt nach Orvieto.

Andererseits gibt es in keiner anderen europäischen Stadt so viele ausländische Akademien wie in Rom. Zumeist wurden sie, wie auch die deutsche Akademie Villa Massimo, im 19. Jahrhundert mit der romantischen Zielvorgabe gegründet, dass die Ewige Stadt junge Maler, Dichter und Komponisten inspirieren möge. Italien, vor allem aber Rom als Ausländer künstlerisch zu entdecken und zu bewältigen war schon vor hundert Jahren keine ganz neue Idee. Es ist nicht ganz leicht, heute ein aktuelleres Konzept zu finden.

Der von Künstlern zahlreicher Nationalitäten bewohnte Laborpalazzo im ehemaligen Eisenbahnerviertel San Lorenzo und das Städtische Museum für Moderne Kunst in den Hallen der ehemaligen Brauerei Perroni an der Via Reggio Emilia sind nur Inseln im Meer alter Steine und Bilder. Immerhin baut die anglo-irakische Stararchitektin Zaha Hadid an einem neuen Museum für Moderne und Zeitgenössische Kunst, mit dem Rom gegenüber der europäischen Konkurrenz aufholen will.

Aber wer sucht hier schon die Moderne, mal abgesehen von Le Corbusier? Besucher, die nach Rom kommen, wollen das Kolosseum sehen, die Peterskirche und die Spanische Treppe. Und auch im Selbstverständnis der Römer ist ihre Stadt keine Kapitale der Moderne. Das Aufregende an Rom ist ja nicht das zukunftsorientierte Neue, sondern die in der Vergangenheit verhaftete ewige Synthese. Die Stadt mit ihren Ruinen, Kirchen und Palazzi ist ein riesiges Freilichtmuseum, das seinem Publikum mannigfache Antworten auf immer dieselbe Frage geben kann: »Wo kommen wir her?« Eine architektonisch manifestierte Mutmaßung über das anschließende »Wo gehen wir hin?« gibt es in Rom hingegen nicht.

Mancher ging mit dem ungeheuren Erbe so brutal um wie Maffeo Barberini, der als Urban VIII. die Bronzedecke aus dem Pantheon einschmelzen und für den Baldachin über dem Apostelgrab in der Peterskirche wieder verwenden ließ – als eine Trophäe zur Manifestation der eigenen Macht.

»Quod non fecerunt barbari fecerunt Barberini«, was die Barbaren nicht fertig brachten, haben die Barberini getan, kommentierte der Volksmund, und damit hatten die Barberini, in deren Palazzo sich heute die wunderbare Nationalgalerie für Alte Kunst befindet, ihren schlechten Ruf für alle Zeiten weg. Im Kolosseum, das später als Steinbruch für den Neubau der Peterskirche benutzt wurde, bauten die Frangipane ihre Burg, im Theater des Marcellus residierten die Orsini: Jahrhundertelang wurden Roms einzigartige antike Überreste von den Mächtigen nur benutzt und nicht bewahrt.

Der Sammelleidenschaft der Renaissancepäpste und ihrem Faible für die Antike ist es zu verdanken, dass Rom in einer schier unübersehbaren Anzahl von Museen und Kirchen bis heute die größten Schätze abendländischer Kultur beherbergt. Um etwa die Vatikanischen Museen, eine der größten Sammlungen der Welt, ganz zu besichtigen, bräuchte man Tage. Die meisten Besucher gehen heute schnurstracks in die Sixtinische Kapelle, machen einen Abstecher in die Stanzen des Raffael und lassen die großartige Galerie antiker Statuen links liegen. Neben dem Augustus von Prima Porta, der in einem Seitenflügel steht, gibt es auch zwei Säle mit antiken Tierstatuen – ein Indiz für die grenzenlose Passion der Päpste.

Bereits der Venezianer Paul II. hatte seine private Antikensammlung im Palazzo Venezia untergebracht. Julius II. aber machte den Vatikan zur weltweit wichtigsten Sammlung antiker Plastiken. Schon als Kardinal Della Rovere hatte er den »Apoll vom Belvedere« erworben und im Garten seines Palastes aufgestellt. Als 1506 bei Santa Maria Maggiore die Laokoon-Gruppe aus einem Weinberg geborgen wurde, jene Skulptur, die Plinius der Ältere beschrieben hatte, ließ der Papst zur besseren Präsentation eigens einen Statuenhof einrichten – den »Belvedere« der Vatikanischen Museen.

Sixtus IV., der Bauherr der Sixtinischen Kapelle, hatte 1471 die Bronzeskulptur der Etruskischen Wölfin aus dem Lateran auf das Kapitol gebracht und somit symbolisch dem römischen Volk sein antikes Wahrzeichen zurückgegeben. Damit legte er den Grundstein für die Kapitolinischen Museen, die älteste öffentliche Sammlung der Welt.

Damals war der Kapitolinische Hügel ein ziemlich heruntergekommener Ort, ein ungepflasterter, von wenig repräsentativen Bauten umgebener Platz. Erst viele Jahre später sollte das Universalgenie Michelangelo ihn zu neuer Pracht führen, selbstverständlich im Auftrag eines Papstes. Das Kapitol ist einer der magischsten Orte Roms und wenn man für andere Museen keine Zeit oder keine Lust hat, sollte man doch wenigstens durch die Kapitolinischen Sammlungen flanieren, einen Blick auf die Wölfin werfen, auf den sterbenden Gallier, auf die zeitlos anmutige Esquilinische Venus. Hier lassen sich Roms Macht und Herrlichkeit, sein Mythos und seine einmalige Anziehungskraft erahnen. Und alle seine Herrscher sind aus Stein, genau wie ihre Untertanen, deren Marmorköpfe, ordentlich aufgereiht und im Nimbus der Anonymität, Säle auf Säle füllen. Römer schauen dich an. Die Römer von heute lieben die Musei Capitolini übrigens über alles. Im Winter, wenn die Touristen ihre Stadt verlassen haben, strömen römische Familien auf das Kapitol. Dann setzen sich die Kinder einen Kopfhörer auf und lassen sich von Mickymaus den Dornauszieher erklären – das Programm ist nämlich von Walt Disney gesponsert. Wortreich und ohne übertriebene Ehrfurcht bringen die Väter ihrem Anhang die Wunderwelt der Antike näher. »Ah, Lucia, komm mal her. Nichts anfassen! Guck doch mal, wer das ist. Ja, der hier, mit dem dicken Nacken. Adriano, steht drunter. A-dri-a-no. Der Kaiser. Der von der Engelsburg!«

Ein neu eröffneter, unterirdischer Gang längs der Grundmauern des Jupitertempels verbindet den Palazzo Nuovo mit dem Konservatorenpalast, hier steht man im Bauch des Caput Mundi. Ein paar Etagen weiter oben wird regiert, über der grandiosen Trümmerlandschaft des Forum Romanum.

Mehr als geistliche Führer fühlten sich die Päpste des Mittelalters und der Renaissance als weltliche Herrscher. Selbstverständlich in der Nachfolge der Imperatoren – nur die Barbaren, namentlich die deutschen Kaiser wollten das partout nicht verstehen. Aber die hatten ja gottlob keine Macht in Rom, sondern wurden allerhöchstens für die Krönungsfeierlichkeiten geduldet, und das auch nicht immer. Innozenz IV. hatte 1245 einfach verfügt, Christus selbst habe Petrus die höchste weltliche Gewalt übertragen, und machte damit sogar den uralten Schwindel von der »Constitutum Constantini«, der Ende des achten Jahrhunderts gefälschten »Konstantinischen Schenkungsurkunde« überflüssig. Demnach hat Kaiser Konstantin angeblich bei seinem Umzug nach Konstantinopel das Westreich den Päpsten vermacht.

Nun war und ist das Pontifikat ja ein Wahlamt und dem

Papsttum fehlt deshalb seit jeher die dynastische Perspektive. Für Rom war das indes in vielfacher Hinsicht ein Glücksfall. Erstens konnte man eine Familie aus dem Amt wählen, wenn sie allzu übermächtig wurde, wie beispielsweise die spanischen Borgias mit Alexander VI., dessen Kinder Lukrezia und Cesare allzu ungeniert mitregierten. Zweitens wollte seit Paul II. jeder Papst seinen privaten Palast der Familie und der Nachwelt hinterlassen. Und nur deshalb entstanden Prunkbauten für die Medici, die Farnese, die Borghese und die Pamphili – um nur die wichtigsten und schönsten zu nennen, aufwendig ausgestattete Privatkapellen und prächtige Kirchen. Jahrhundertelang profitierten Kunst und Architektur vom Familiensinn der Päpste, und davon, dass jeder neu gewählte Pontifex Maximus eine noch bessere *figura* machen wollte als sein Nachfolger.

So ist uns Julius II. ja bis heute nicht wegen seiner theologischen Schriften oder seiner Kirchenpolitik ein Begriff, sondern durch seine Mäzenatenbeziehung zu Raffael und Michelangelo. Der Papst erteilte dem Bildhauer Michelangelo den Auftrag für die Ausschmückung der Gewölbedecke in der Sixtinischen Kapelle. So entpuppte sich der widerspenstige Künstler aus der Toskana als begnadeter Maler, der mit dem Konkurrenten Raffael sozusagen Tür an Tür wetteiferte.

Die enge Beziehung eines Papstes zu »seinem« Künstler zieht sich seit Giuliano della Rovere und Michelangelo durch die Kunstgeschichte – und in diesem Sinne ist es ein Treppenwitz, dass der Vatikan für die Restaurierung der Michelangelo-Fresken in den 1990er Jahren seinerseits Sponsoren brauchte: Seit dem Verlust ihrer weltlichen Macht ist die Kirche nun selbst auf Mäzene angewiesen – und mögen diese auch aus dem heidnischen Japan kommen, so stört das in Rom keinen Kardinal. Anlässlich des Heiligen Jahres 2000 beschloss die Kurie die Errichtung neuer Kirchen am Stadtrand, die mit Spendengeldern aus aller Welt finanziert wurden. Santa Maria Madre del Redentore, die wie eine Arche gebaute, neue Kirche der Trabantenstadt Tor Bella Monaca, ist das interessanteste Beispiel dieser neuen Kirchenarchitektur, mit der die Chiesa Romana sich als identitätsstiftende Kraft des sonst so gesichtslosen neuen Roms manifestiert.

Auch nach fünf Jahrhunderten hat die Sixtinische Kapelle, wichtigstes Pilgerziel für Rom-Touristen aus aller Welt, als mythische Versammlungsstätte des Konklave (ihre Proportionen sollen dem Tempel Salomons in Jerusalem entsprechen) noch immer nicht ausgedient. Allerdings hat Johannes Paul II. verfügt, dass die Kardinäle, die seinen Nachfolger wählen sollen, nicht mehr in den angrenzenden Sälen schlafen müssen, sondern in ein eigens für das nächste Konklave errichtetes Gästehaus ziehen dürfen. Dort gibt es nämlich – Michelangelo, wenn du wüsstest! – auch Badezimmer.

Piazza Vittorio Emanuele

Die neue Urbs der Völker

Es ist gar nicht so einfach, auf der Piazza Vittorio Emanuele – Piazza Vittorio, wie sie schlicht genannt wird – eine ganz normale, römische Kaffeebar zu finden. Unter den Arkaden der wuchtigen Palazzi aus der Zeit der Reichsgründung liegen Dutzende von chinesischen Läden und wenn man sich in Richtung Bahnhof Termini bewegt, stößt man auf afrikanische Restaurants und asiatische Supermärkte. Auch auf dem Markt, der zwischenzeitlich von der Piazza in eine Halle an der Via Principe Amedeo umgezogen ist, werden viele Stände von Ausländern betrieben.

Noch Anfang der neunziger Jahre war alles anders. Damals betrieb die Bundesrepublik Deutschland unter dem Gleis 21 der Stazione Termini noch ein zugegebenermaßen ziemlich verwaistes Anwerbebüro für Arbeitskräfte aus Italien. Wer aus Kalabrien, Kampanien, aus den Abruzzen oder aus Sizilien kam und in Termini einen Zug nach Deutschland besteigen wollte, machte Zwischenstation in dem dunklen Büro mit den Fotopostern von Rothenburg ob der Tauber und Schloss Neuschwanstein. Ein italienischer Angestellter der Bundesanstalt für Arbeit hielt hier Hof, er wirkte genauso muffig wie sein Büro. Ein Relikt aus anderen Zeiten, als die Bahnsteige noch überquollen von denen, die gen Norden fahren wollten. Ach, was heißt schon »wollten«. Die Arbeitsemigration der sechziger und siebziger Jahre wird in Italien bis heute als ein nationales Trauma empfunden und verdrängt. Aus manchen Landstrichen Süditaliens war ein Fünftel der Bevölkerung auf der Suche nach Arbeit emigriert.

Nur die Römer bewegten sich nicht. Sie hatten sich nie bewegen müssen. Immer waren alle nach Rom gekommen, und so war es auch diesmal. Die Hauptstadt wurde selbst zum Zielort einer Jahrzehnte dauernden, inneritalienischen Migration. Im Jahr 1980 hatte über die Hälfte der römischen Bevölkerung einen Geburtsort außerhalb von Rom, bei den über Sechzigjährigen waren es sogar über 77 Prozent. Die *romani de Roma*, Römer aus Rom, die seit mindestens sieben Generationen hier leben, sind also schon lange eine verschwindend kleine Minderheit.

Inzwischen hat sich das ehemalige Emigrantenland Italien zum Einwandererland gewandelt, und in Rom leben rund 300 000 so genannte *extracomunitari*, Nicht-EU-Ausländer also. Darunter versteht man hier weniger Schweizer (die gibt es auch und sie haben sogar eine eigene Schule), als vielmehr Philippiner, Peruaner, Albaner oder Marokkaner. 300 000 Nicht-EU-Ausländer (plus rund 50 000 EU-Europäer und Nordamerikaner), das bedeutet wenig mehr als zehn Prozent der Bevölkerung. Verglichen mit London, Paris oder Berlin hat Rom einen ausgesprochen geringen Ausländeranteil, in der Wahrnehmung der Italiener spielt er jedoch eine große Rolle.

Die Metropole der Antike geht heutzutage nicht immer

so tolerant mit seinen Zuwanderern aus fernen Ländern um wie zu Zeiten der Cäsaren, als sogar die Imperatoren aus Nordafrika kamen. Die Zahl gewalttätiger Übergriffe gegen Ausländer hält sich zwar in Grenzen, aber ein diffuser Rassismus ist durchaus zu verzeichnen. »Wenn italienische Kundschaft in einen meiner Läden kommt, ziehe ich mich immer erst einmal in die hinteren Räume zurück«, sagt Golam Kibria aus Bangladesch, der rund um die Piazza Vittorio fünf Geschäfte mit fünfzehn Angestellten betreibt. »Wenn mich die Italiener an der Kasse sehen, werden sie nämlich misstrauisch. Sie denken, ein Ausländer würde sie übers Ohr hauen.« Kibria lebt seit zwanzig Jahren in Rom und ist schon dreimal in den Hungerstreik getreten, um auf die problematische Lage seiner Landsleute aufmerksam zu machen. »Noch vor zwölf Jahren durfte ein Ausländer hier noch nicht einmal ein Geschäft aufmachen.« Und wenn in einem der Palazzi an der Piazza Vittorio der vom Portier aufgestellte Plastikweihnachtsbaum spurlos verschwindet, sind es für die Einheimischen sofort die *extracomunitari*. Der ausländische Geschäftsmann ist immer noch die Ausnahme: Gerade von den rund 12 000 Männern aus Bangladesch (Frauen emigrieren dort so gut wie überhaupt nicht) putzen viele die Windschutzscheiben an den strikt nach Nationalitäten »aufgeteilten« Ampeln oder verkaufen Knoblauch und Feuerzeuge auf den Märkten. Dort kann man auch Szenen freundlicher Verbrüderung erleben. »Tut mir Leid, mein Schatz«, hat einmal meine Marktfrau einem ihr völlig unbekannten Knoblauchverkäufer gesagt. »Ich habe gerade kein Kleingeld, das ich dir geben könnte. Ach, weißt du was, warte einen Moment. Ich gehe mal schnell wechseln bei meiner Nachbarin.« So schwankt Rom zwischen seiner alles integrierenden Menschlichkeit, dem Offensein für Beziehungen und Begegnungen und der aggressiven Ignoranz gegenüber den Fremden.

Einmal mehr bietet das Fußballstadion die größte und wirksamste Bühne für das Misstrauen gegenüber Ausländern oder sogar Ausländerhass. Beide römische Fußballklubs müssen immer wieder Geldbußen über Zehntausende von Euro zahlen, weil in den Fankurven wieder einmal rassistische Spruchbänder hochgehalten wurden oder die Tifosi ausländerfeindliche Sprechchöre grölten. Und nicht immer bleibt es bei Verbalattacken: Manchmal rotten sich rechtsextrem orientierte Hooligans zusammen, um Ausländer oder Obdachlose zu jagen. In der Dienstleistungsstadt Rom gibt es verschwindend wenige Arbeitskräfte in der Industrie und deshalb arbeiten Ausländer außer im Baugewerbe überwiegend in der Gastronomie (als Küchenhilfen, in einigen Restaurants der Innenstadt inzwischen auch als Köche) und im Haushalt. Die Chinesen hingegen sind vorwiegend selbständige Händler oder Gastwirte, die aus der Heimat auch ihre Schutzgeldmafia mitgebracht haben.

Sie bilden eine eigenständige, auch abgeschottete Gemeinschaft, die mit der italienischen Bevölkerung selten in Berührung kommt. Die Chinesen sind Wohnungseigentümer, sie haben sich rund um die Piazza Vittorio in die alten Gründerzeitpalazzi eingekauft, während die meisten anderen Migranten zur Miete wohnen. Die römischen Hausbesitzer vermieten ihre Wohnungen zu überteuerten Preisen an die Ausländer, nicht wenige bieten ihnen gar nur Schlafplätze, ein Bett in einem überfüllten Zimmer.

Und dann gibt es noch das Wohnen direkt am Arbeitsplatz. *La donna fissa* heißt in Rom die Haushälterin von den Philippinen oder aus Südamerika, und diese »feste Frau«

arbeitet üblicherweise von frühmorgens bis spätabends. Den Donnerstagnachmittag und den Sonntag haben die meisten frei, weswegen ein honoriger Restaurantführer den Signoras der »Radical-Chic-Bourgeoisie«, die einen Hang zur exotischen Küche haben, auch davon abrät, ausgerechnet am Donnerstag ausländisch essen zu gehen: »Sie könnten sonst Ihr Dienstmädchen hier treffen.« Und mit einem Dienstmädchen setzt sich auch eine noch so weltoffene Signora niemals an einen Tisch.

Manche sagen einfach nur: »Meine Filippina«, und das ist genauso abschätzig gemeint, wie es sich anhört. Die Frauen (und auch Männer) von den Philippinen haben Generationen von Hausmädchen aus der Provinz um Rom und aus Sardinien abgelöst, die früher in die Hauptstadt kamen, heute aber lieber auf den unterbezahlten Hausarbeitsjob verzichten. Denn Hausarbeit ist in Rom durch den Zustrom von arbeitssuchenden Ausländerinnen immer billiger geworden, mit dem Effekt, dass heute auch für den Mittelstand eine *donna fissa* ein erschwingliches Statussymbol geworden ist.

Nicht von ungefähr nennt der Volksmund den bürgerlichen Stadtteil Parioli im Norden einfach *Manila due*, das zweite Manila: In den eleganten Wohnpalazzi leben Tausende von Philippinern. Das Hausmädchen, das zumeist in einem kleinen Zimmer neben der Küche wohnt, ist für die römische Signora unabdingbar geworden – ob sie selbst berufstätig ist oder nicht. In der römischen Klassengesellschaft ist Hausarbeit nämlich nur etwas für die niedrigen Stände, und wer es sich irgend leisten kann, erledigt Putzen und Waschen nicht selbst. Umgekehrt würde kein Römer auf die Idee kommen, seine Frau den Haushalt allein bewältigen zu lassen, wenn er eine Putzfrau bezahlen kann. Die protestantische Do-it-yourself-Manie ist Römern vollkommen fremd. In dieser Stadt gibt es ja noch nicht einmal Selbstbedienungs-Tankstellen.

Gehörten die italienischen Hausmädchen früherer Zeiten noch zur Familie, so ist das Zusammenleben mit den Asiatinnen und Südamerikanerinnen deutlich distanzierter und Ausbeutung ist durchaus keine Seltenheit. Stundenlang können Römerinnen über ihr Hauspersonal reden, dabei das hohe Lied auf ihre Filippina singen oder sich ausdauernd über sie beklagen. Kaum eine kennt dabei auch nur den Nachnamen jener Frau, die auf die Kinder aufpasst und die Wäsche bügelt. Immerhin sind illegale Arbeitsverhältnisse seltener geworden, seitdem die Ausländergesetze dahingehend verschärft wurden, dass Aufenthaltsgenehmigungen an einen Arbeitsvertrag gekoppelt sind. Immer mehr Ausländer, vor allen Dingen Frauen, holen inzwischen ihre Angehörigen nach. Rom verändert sich also, wird internationaler, und die Römer, die sich ausländische Hilfe ins Haus holen, setzen sich unweigerlich mit fremden Mentalitäten, Sprachen und Religionen auseinander.

Eine Untersuchung über die Grundschulen hat ergeben, dass in der römischen *scuola elementare* Kinder aus rund neunzig verschiedenen Nationalitäten sitzen. Riccardo ist elf Jahre alt und besucht die Daniele-Monin-Schule in der Via Bixio unweit der Piazza Vittorio. »Am Anfang fand ich es ganz schrecklich«, erzählt er, schrecklich, nur mit einem einzigen anderen Italiener in der Klasse zu sein. Die anderen kommen aus China, Rumänien, Sri Lanka, von den Philippinen und der Elfenbeinküste, wie Riccardos neuer Freund. Riccardo schreibt seinen Namen auf: Eosou Amadi Diabi. »Er kann nur Französisch«, sagt Riccardo, »bei ihm zu Hause reden alle so. Aber wir verständigen uns mit Gesten.« Neulich war Riccardo mit seiner Mutter bei einem Mädchen aus China essen, deren Eltern ein Restaurant an der Piazza Vittorio haben. Dampf-Ravioli, Mandelhuhn und frittierte Nudeln. Wenn Riccardo jetzt sagt: »Ich gehe in eine *scuola multietnica*«, klingt das ziemlich stolz.

Seit 1996 gibt es in Rom auch eine Moschee. Es ist die größte Europas und bei der Einweihungsfeier forderte der damalige italienische Staatspräsident Oscar Luigi Scalfaro Religionsfreiheit in Saudi-Arabien. Jahrelang war zwischen dem Imam und dem Vatikan über die Höhe des Minaretts verhandelt worden, das doch bitte die Michelangelo-Kuppel auf der Peterskirche nicht übertrumpfen sollte. Inzwischen aber sind die Römer stolz auf das elegante Gotteshaus in Marmor des Architekten Paolo Portoghesi. Der römische *architetto*, ein Wegbereiter wie die drei Männer, die im Frühling 2004 einen Friedenslauf nach Jerusalem unternahmen. Ahmed Ali, Ägypter und Muslim, seit siebzehn Jahren in Rom und italienischer Staatsbürger. Angelo Di Segni, Jude und *romano de Roma* aus einer der ältesten Familien Roms, sowie der Katholik Pino Papaluca. An jenem Sonntag, an dem sie ihre lange Reise zu Fuß antraten, durften die *extracomunitari* zum ersten Mal ihre Vertreter in den Stadtrat wählen. Auf der Piazza Vittorio aber zeigte die Stadt Rom auf einer Großleinwand live die Fußballspiele aus dem Afrika-Cup. Für das internationale Viertel war es ein richtiges Volksfest und es kamen sogar die Chinesen.

Piazza del Colosseo

»Haue, steche, brenne …«

Es war ein Montag im Frühling, als vor den rußschwarzen Bögen des Kolosseums ein nacktes Huhn baumelte. Darunter hatte jemand ein Pappschild befestigt, das unglücklich in der lauen Brise flatterte, und auf dem stand: »Wir haben euch gerupft.« Ungläubig verfolgte eine Menge von Touristen das bizarre Spektakel. Sie wussten nicht, dass am Tag zuvor der AS Rom die Lokalrivalen von Lazio 5:1 geschlagen hatte und dass die Romanisti deshalb nun Lazios stolzen Wappenadler als Suppenhuhn ohne Federn verhöhnten. Gut 10 000 Sieger hatten sich mit der ziemlich ehrlichen Entschuldigungsformel »familiäre Gründe« freigenommen und waren zum Kolosseum marschiert, um es denen von Lazio noch einmal richtig zu zeigen. Ein paar Witzbolde trieben im allgemeinen Durcheinander Schafe und Ziegen vor sich her und erklärten in aller Unschuld, sie kämen von der »Liga zur Erhaltung der Laziali«. Auch das ein weiterer gemeiner Einfall, werden doch Lazios Fans von ihren Vettern als *burini*, Bauern, verspottet.

Der AS Rom, die »Roma«, hält sich nämlich für den allein selig machenden römischen Club. Nur die Roma hat die etruskische Wölfin nebst Romulus und Remus in ihrem Wappen und ihre Farben sind die des Kapitols: Gelb wie die Sonne, Rot wie das Herz, heißt es in der Vereinshymne. Lazio sei der Club der Leute aus dem Umland, behaupten die Roma-Anhänger und manche gehen so weit, dass sie im Brustton der Überzeugung verkünden, es gebe in Rom gar kein Derby – logisch, bei nur einem einzigen Hauptstadtverein. Oder brüstet sich Lazios Torwart etwa nicht damit, er sei der reichste Mann der Nachbarprovinz Rieti? Tatsächlich würde der AS Rom statt im Olympiastadion lieber im Kolosseum spielen, seiner angestammten Arena. Nur leider stellen sich die Denkmalschützer schrecklich an. Auch diesmal zitterten die schleunigst herangeeilten Vertreter der Behörde ein wenig, weil sie befürchten mussten, dass das berühmteste Amphitheater der Welt im Rausch des Derby-Siegs in den Klubfarben eingesprüht würde. Der Verkehr jedenfalls brach ordnungsgemäß zusammen und am Abend landete das gut abgehängte nackte Lazio-Huhn bei der Mamma des Roma-Tifoso Mario in der Bratröhre. Und Lazio? Erlebte ebenfalls einen Ansturm der Fans – auf das vereinseigene Trainingsgelände an der Grenze zur Provinz Viterbo. Um der eigenen Mannschaft einzuheizen, hatten die 400 Tifosi aus noch einleuchtenderen, familiären Gründen freigenommen. Sie bedrängten und bespuckten die Spieler, sie warfen mit Steinen und trampelten die Trainerbank kaputt. Erst als die Carabinieri kamen, durfte Lazio ein wenig trainieren, aber aus Angst vor dem gewaltlüsternen Anhang floh die Mannschaft schon am darauf folgenden Tag weit, weit weg, an den lieblichen Gardasee unweit von Gallia Cisalpina. Was den Fußball angeht, gibt es in Rom sehr wenige Agnostiker. Wenn Sie jemals zu einem schicken Abendessen in einen historischen Palazzo eingeladen werden und richtig unangenehm auffallen wollen, geben Sie nur zu erkennen, dass Sie von Fußball keine Ahnung haben: Anders als im barbarischen Deutschland gilt das zu Recht als echte Bildungslücke. Aber keine Angst, vor solcher Blamage werden Sie gefeit sein – hier werden Sie ja bestens präpariert. In einer Stadt, die sich eher mit dem Kolosseum identifiziert als mit Sankt Peter (»Ich sehe die Majestät des Kolosseums, ich sehe die Heiligkeit der großen Kuppel«, heißt es in einem Lied des Roma-Barden Antonello Venditti – in dieser Reihenfolge) – gehört der Fußball zum Sonntag wie die Messe. Mindestens.

Der Fußball trennt Familien, Freunde und politische Genossen. Und er hebt die sonst so starren Klassenschranken auf. Beim *calcio* werden wir alle zu Kindern, die sich von denen auf dem Rasen mitreißen, trösten, ärgern lassen wollen. Die wildesten Priesterfresser sind schon zu Fuß zur Wallfahrtstätte der Madonna del Divino Amore am südlichen Stadtrand gepilgert, um himmlischen Beistand für ihren Lieblingsverein zu erflehen; die aufgeklärtesten Intellektuellen fallen vor dem Fernseher auf die Knie, wenn ihre Mannschaft in der Nachspielzeit doch noch den Ausgleich schafft. Das sonntägliche Match im Olympiastadion gleicht einer gigantischen, heidnischen Liturgie, und beim Derby fallen Ostern und Weihnachten zusammen.

Dort werden die tiefer liegenden Differenzen zwischen den Anhängern der beiden römischen Clubs offenbar, die der Journalist Giampiero Galeazzi, selbst bekennender Lazio-Fan, so umschreibt: »Wenn es für Lazio eine Viertelstunde vor Schluss null zu zwei steht, erheben die Tifosi sich und verlassen still das Stadion. Sie wissen, sie haben verloren. Wenn aber die Roma zur gleichen Zeit null zu zwei zurückliegt, drehen ihre Tifosi erst richtig auf. Sie sind überzeugt, dass sie am Ende noch drei zu zwei gewinnen.« Auf der einen Seite emphatische Skepsis, auf der anderen ein Glaube, der ja vielleicht Berge versetzt.

Zur Stadtmeisterschaft stapfen *bambini* und Politiker, schrille Jugendliche sowie pelzgewandete und goldbehangene Signoras, die vor Aufregung unentwegt Kürbiskerne kauen und dem Schiedsrichter mit großer Geste unübersetzbare Schmähungen zurufen. Manche Sprüche wurden berühmt. »Sucht euch ein anderes Hobby!« (Romanisti an Laziali) »Ihr Römer? Da lacht ja Julius Cäsar!« (Laziali an Romanisti) »Roma, erhebe deine Augen und blicke auf zum Himmel, der Einzige, der größer ist als du.« (Romanisti) »Deshalb ist er auch weißblau!« (Antwort der Laziali in Anspielung auf ihre Vereinsfarben)

Selbst von der Pressetribüne hagelt es Verwünschungen, die keine Zeitung drucken würde. Manchmal sieht man inmitten der Fahnen und Spruchbänder eine Braut, ganz in Weiß, oder einen Mönch in brauner Kutte. Kein Problem, in einem Land, das eine Priester-Nationalmannschaft vorweisen kann. Sehr populär, ja geradezu weltberühmt in Rom ist auch Carlo Zampa, der Stadionsprecher des AS Rom. Er heizt seiner Mannschaft und ihrem Publikum so gekonnt ein, dass seine besten Ansagen an den Kiosken der Hauptstadt auf CD verkauft werden. Titel: »Danke Mamma, dass du mich gelbrot gemacht hast.« Größter Hit: »Ein Leben als Laziale, ein Leben auf dem Traktor.« Hauptberuflich arbeitet Zampa, dessen Handynummer ungefähr so geheim ist wie die des Glaubenspräfekten Ratzinger, als Saaldiener im Senat. Auch dort redet man nicht wenig über Fußball. Im Parlament gab es schon Debatten über Elfmeter, in denen rote Karten für allzu rabiate Volksvertreter verteilt werden mussten. Und im hohen Haus existieren selbstredend Fanclubs der italienischen Traditionsvereine.

Francesco Totti, der Kapitän der Gelbroten, hat einmal gesagt, sein größter Wunsch sei ein Spaziergang am Samstagnachmittag über die Via del Corso. Das aber ist für Totti, der als echter *romano de Roma* im Viertel San Giovanni geboren wurde, nicht mehr möglich. Die Fans würden ihn erdrücken oder doch zumindest bis aufs Unterhemd ausziehen – schon geschehen beim entscheidenden Match des AS Rom um seinen dritten Meistertitel. Vor dem Schlusspfiff.

Als der AS Rom anno 2001, leider genau ein Jahr nach den Laziali, tatsächlich Meister wurde, ließ sich Kapitän Totti eine Gladiatorenfigur in den linken Arm tätowieren. Feierlich erklärte er dazu, er fühle sich wie ein Nachfolger jener Männer, die einst die Massen der Urbs in ihren Bann geschlagen hätten. Zur Siegesfeier luden Totti und sein Club die Fans in den Circus Maximus. Wo zwei Jahrtausende zuvor Wagenlenker über die 8,5 km lange Strecke mit ihren berüchtigten Linkskurven rasten, versammelten sich nun über eine Million Menschen. Die besten Plätze gab es, wie damals, auf der Kaiserloge des Palatins: Tausende hatten die Ruinen der Augustus-Residenz gestürmt. Es war, als hätten die Römer den spiritus loci des Circus Maximus wieder erweckt: Um Mitternacht tanzten Männer mit Wolfsmasken wie dazumal bei den Luperkalien der Republik und eine Schönheit entblößte sich zu Ehren der neuen Gladiatoren.

Nirgendwo sonst fühlen sich die Römer so sehr als Erben ihrer großen antiken Vergangenheit wie im Stadion. Das Kolosseum mit seinen 75 000 Plätzen (ungefähr genauso viele wie im Olympiastadion) war nach seiner Eröffnung durch Titus im Jahre 80 n. Chr. bis zur letzten

Tierhatz im Jahre 523 ein halbes Jahrtausend hindurch durchgehend Schauplatz von Spektakeln gewesen. Dann kam 1400 Jahre gar nichts mehr. Das Amphitheater der Flavier wurde sozusagen direkt von den großen Arenen des Fußballs abgelöst, die antike Massenunterhaltung durch die moderne Unterhaltungsindustrie. Und der Sport?, könnten Sie jetzt fragen. Nun, der war seinerzeit in Griechenland geblieben. Die Griechen hatten ja bekanntlich Spaß daran, splitterfasernackt durchs Stadion zu rennen, den Diskus zu werfen oder Mann gegen Mann zu ringen. Weil sie dachten, solches Gebaren gefiele auch ihren Göttern, erfanden sie sogar die Olympischen Spiele. Den Römern wäre so etwas nie eingefallen. Wenn sie überhaupt freiwillig schwitzten, dann gepflegt, und von Sklaven verwöhnt, in der Therme. Aber Sport treiben, sich richtig körperlich abmühen, gar um die Wette laufen? Wo ist da das *spectaculum*? Der Römer schaut lieber zu, das ist aufregend genug. Nicht umsonst rangiert hier neben dem *calcio giocato*, dem gespielten Fußball, der *calcio parlato*, der Verbalfußball, selbstredend auf gleichem Niveau. Dutzende von Lokalradios befassen sich täglich stundenlang mit Roma und Lazio, unter leidenschaftlicher Anteilnahme der Hörer, die Verschwörungstheorien gegen Schiedsrichter spinnen oder die Verstärkung ihrer Mannschaft fordern, und das immer in der Arbeitszeit.

Die Leidenschaftlichkeit römischer Fans ist außerhalb der Hauptstadt durchaus gefürchtet. Zu Auswärtsspielen ziehen nicht selten Tausende Tifosi, die an den Sonntagen die Nord-Süd-Autobahn verstopfen. Einmal wurde das Match Florenz – AS Rom sogar aus Sicherheitsgründen auf einen Montagnachmittag verlegt, weil die Florentiner Angst hatten, ihre Stadt könnte andernfalls von den Römern nachgerade besetzt werden. Die Begegnung wurde im Olympiastadion auf einer Großleinwand übertragen, über einem leeren Rasen, vor 30 000 Menschen. Schulen mussten vorzeitig schließen, Büros leerten sich auf geheimnisvolle Weise: familiäre Gründe. Ein paar Tausend fuhren gleich nach Florenz und entrollten dort im Stadion ein Spruchband, auf dem stand: »Wir sind alle Frisöre.«

Die Einweihungsfeiern des Kolosseums mit Tierhatzen, Gladiatorenkämpfen und Seeschlachten dauerten weiland hundert Tage. Zu Ehren seines Sieges über die Daker ließ Trajan zehntausend Gladiatoren in der neuen Arena antreten. Selbst der zum Christentum konvertierte Kaiser Konstantin schaffte es nicht, das heidnische Massenvergnügen zu verbieten, die Gladiatorenkämpfe wurden lediglich auf zehn Tage im Jahr beschränkt. Im Jahre 404 hatte Telemachos, ein Anhänger des Christentums, sich in die Arena gewagt und versucht, zwei kämpfende Gladiatoren zu trennen. Der Spielverderber wurde auf der Stelle von den Zuschauern zu Tode gesteinigt.

Damals wie heute ist das Publikum der Hauptakteur – mit dem Unterschied, dass die Plätze in der antiken Arena strikt nach der hierarchischen Gesellschaftsordnung vergeben wurden. Schon Tage vor dem Spektakel informierten Plakate auf den Hauswänden der Urbs die Zuschauer von dem bevorstehenden Ereignis, für das der so genannte Spielgeber (*editor*) – gewöhnlich der Kaiser oder eine andere reiche und hoch gestellte Persönlichkeit – keine Kosten und Mühen scheute. Wer, wie Juvenal in seinem berühmten Kommentar feststellte, dem Volk *panem et circensis* – Brot und Spiele – bot, konnte damit seine Macht in Rom zementieren. Die Rennställe der Wagenlenker im Circus Maximus wurden konsequent politisch instrumentalisiert und Imperatoren wie Cäsar, Nero und Augustus leisteten sich eigene Gladiatorenschulen, so wie Italiens Mächtige sich heutzutage ihre

Fußballklubs halten. Zwei Kapitel widmete Augustus in seinen »Res Gestae« dem *spectaculum* – er wusste schon, warum, genau wie Silvio Berlusconi.

Die Begeisterung für *munera* (Gladiatorenkampf) und *venatio* (Tierhatz) war allgemein und erfasste Sklaven wie Senatoren. Was von den Rängen der Arena erschallte, haben die Chronisten des Altertums mehr oder weniger schaudernd berichtet. »Haue, schlage, brenne! Warum stürzt er so ängstlich ins Schwert?«, überbringt uns Seneca. »Sportreporter« Juvenal schrieb über ein Wagenrennen: »Heute ist ganz Rom im Circus und wenn ich den Lärm, der meinen Kopf erschüttert, richtig deute, werden wohl die Grünen gewinnen. Wehe, sie verlieren! Die ganze Stadt wäre traurig und niedergeschlagen.« – »Favent panno, pannum amant«, stellte Plinius lakonisch fest – sie beklatschen das Trikot und sie lieben es, während christliche Kritiker vor der *furor circi* warnten, der Raserei des Circus. Die Farben der Jockeys waren Grün, Blau, Rot und Weiß. Nero hielt zu den Grünen. Er trug einen Umhang in dieser Farbe und ließ grünes Pulver regnen, wenn er mit 150 000 anderen Tifosi im Circus saß.

Von den Zuschauern hingen Leben und Tod der Gladiatoren ab. Der Unterlegene musste durch Erheben des linken Zeigefingers oder Niederlegen des Schildes seine Niederlage eingestehen. »Habet, hoc habet«, schrien dann die Massen, »er hat es, jetzt hat er es!«, und meistens »verziehen« sie ihm, wenn er mutig gekämpft hatte. Der berüchtigte Daumen, der sich über das Schicksal des Besiegten erhob oder aber zum Zeichen des Todesurteils senkte, gehörte nicht den Cäsaren, sondern dem Arenavolk, eine der gelungensten Psycho-Kanalisierungen der Geschichte: Das Publikum hat immer Recht, auch wenn es sonst nichts zu sagen hat.

Francesco Totti trägt einen Gladiator auf der Haut – aber welchen? Im Jahre 73 v. Chr. zog Spartakus aus der Schule von Capua mit anderen aufständischen Gladiatoren auf den Vesuv, hielt dann zwei Jahre lang die Zentralmacht in Schach, starb in der Schlacht von Brindisi und feierte als Kirk Douglas Wiederauferstehung. Maximus aus der Kaiserschule in Rom feierte vierzig Siege, der Provinzmatador Faustus immerhin siebenunddreißig, bevor er in der Arena von Nîmes starb. Unter den Gladiatoren gab es Sklaven, Freigelassene und Herren, sie trugen »Künstlernamen« wie Leo, Tigris, Ferox und Invictus. Sogar ein »Cäsar« stieg in den Ring, nämlich Commodus, der Sohn des Philosophenkaisers Marc Aurel.

Commodus bestritt über tausend Gladiatorenkämpfe; mit einer goldenen Krone auf dem Kopf pflegte er ins Kolosseum einzuziehen und erlegte Elefanten mit der Lanze. Das Volk jubelte ihm zu, die Senatoren aber stopften sich in der Arena die Backen mit Lorbeerblättern voll, um nicht laut herauszulachen über den kaiserlichen Gladiator. Commodus wurde dann für wahnsinnig erklärt und umgebracht. Wie reich und berühmt ein Kämpfer auch war, wie sehr ihm auch die Frauen nachliefen und die Massen ihn verehrten – er blieb ein Außenseiter der römischen Gesellschaft, ein Geächteter, wie alle, die sich für Geld oder weil sie Sklaven waren öffentlich zur Schau stellten.

Schon im Altertum floss viel Geld ins Spektakel. Zu Zeiten des Tiberius erließ der Senat ein Gesetz, nach dem wer eine *munera* veranstalten wollte mindestens 400 000 Sesterzen besitzen musste. Die Gladiatorenkämpfe kosteten bis zu 200 000 Sesterzen, dauerten mindestens vier Nachmittage (vormittags wurden Tiere gehetzt und in der späteren Kaiserzeit mittags die *ad bestias* – die zum Tode Verurteilten – in die Arena gezwungen) und die Kämpfer hatten ihren Preis. Waren sie Sklaven, kassierten für sie die *negotiatores familiae gladiatoriae*, die Spielervermittler, einen Mietpreis oder, im Falle des Todes, eine hohe Versicherungssumme von 5000 bis 15 000 Sesterzen. Wer freiwillig Gladiator wurde und auf seine Bürgerrechte verzichtete, konnte ebenfalls ein Vermögen anhäufen.

Genau wie Totti und seine Kollegen, die jeden Sonntag die Massen in ihren Bann schlagen und die Stadt für die fußballfreien Tage zwischen zwei Spielen auch noch mit reichlich Gesprächsstoff versorgen. Ein Buch mit Totti-Witzen, von ihm selbst herausgegeben, wurde in Italien zum Bestseller. Der Fußballer stiftete den gesamten Erlös für Not leidende Kinder und Alte in seiner Stadt. Die armen Gladiatoren aber, die auf der Jagd nach zahlungsfreudigen Touristen vor dem Kolosseum in Kostümen aus der Cinecittà-Garderobe posieren, hat Totti nicht bedacht. Römer, auch sie, mit so viel Sinn fürs *spectaculum*, dass sie eines Tages die Bögen des Amphitheaters erklommen und ein großes Spruchband entrollten: »Ave Bürgermeister, morituri te salutant.« Als wären sie echte Gladiatoren, die in der Arena ihren Cäsar begrüßten. Es handelte sich um eine Protestaktion gegen die Entscheidung der Stadtverwaltung, diese illegale Art von Touristennepp polizeilich zu verfolgen. Vergebens, natürlich. Denn Rom hatte einmal mehr Spaß am Spektakel.

Piazza Fiume

Hauptsache *classico*: Wo man zur Schule geht

Schwer zu sagen, was das Tasso so anders macht. Von außen zumindest sieht das Gymnasium am Anfang der Via Sicilia unweit der Piazza Fiume wie eine ganz gewöhnliche Schule aus. Ein riesiger Klotz, typisch römische Architektur aus der Zeit nach der Reichsgründung in einem gutbürgerlichen, wenig touristischen Viertel. Das Liceo Torquato Tasso entstand im Jahre 1887, zu einer Zeit, als von 25 000 Schülern in der soeben dem Papst abgetrotzten Kapitale nur ein Fünftel in eine der neuen, staatlichen Schulen ging. Bis heute gibt es in Rom einen Kulturkampf zwischen der *scuola pubblica*, der öffentlichen Schule, und der fast durchweg katholischen *scuola privata*. Vor allem die Kindergärten und Grundschulen sind zu einem Großteil in kirchlicher Hand und damit das so bleibt, haben die Regierenden, gleich ob links oder rechts, die Subventionen der Privatschulen auf Wunsch des Vatikans immer wieder erneuert.

Die intellektuelle und politische Führungsklasse der

Stadt teilt sich über die Parteigrenzen hinweg in diejenigen, die von Priestern erzogen wurden, und andere, die eine staatlich-laizistische Schule besucht haben. Unter denen wiederum bilden die *tassinari*, die ehemaligen Pennäler des Liceo Tasso, eine eigene Kaste.

Jahrzehntelang können sie sich aus den Augen verloren haben, um sich dann wieder zu treffen bei einer Soiree im Hause eines Politikers, einem Botschaftsempfang, einer Buchvorstellung. Das Zusammenkneifen der Augen, das grüblerische Falten der Stirn, der Erkennungsmoment: *Ah... sì, il Tasso*. Die berühmteste Schule Roms, vielleicht Italiens. Schauspieler, Regisseure, Universitätsprofessoren, Chefredakteure und Minister hat sie hervorgebracht. Der Künstler Vittorio Gassman, der Stararchitekt Bruno Zevi, der siebenfache Ministerpräsident Giulio Andreotti und gleich drei Kinder von Benito Mussolini. Im Wahlkampf um das Bürgermeisteramt der Hauptstadt traten zuletzt zwei *tassinari* gegeneinander an, die sich schon zu ihrer Schulzeit politisch bekämpft hatten.

Ein *tassinaro* zu sein ist zwar nicht zwingend, aber ungemein hilfreich für Karriere und gesellschaftlichen Status. Das Tasso ist ein *liceo classico*, in dem Griechisch und Latein gelehrt wird, traditionelles Erkennungsmerkmal der römischen Bildungselite. Nach der Schulreform gibt es neben dem *classico* auch Gymnasien mit fremdsprachlicher, naturwissenschaftlicher oder auch künstlerischer Ausrichtung. Noch gilt jedoch neumodischer Bildungsschnickschnack wie Englisch oder Informatik allenfalls als Dreingabe, niemals aber als Alternative zum unabdingbaren Bildungsgepäck. Ohne Griechisch und Latein kann man in Rom nichts werden. Während man in Amerika und neuerdings auch immer öfter in Deutschland zum Zwecke der gesellschaftlichen Taxierung unverblümt nach dem

Gehalt gefragt werden kann, lautet hier die Gretchenfrage: Waren Sie auch auf dem *classico*? Und bei einem Nein kann man zusehen, wie der Gastgeber einen bei gleich bleibend freundlichem Lächeln wortlos nach unten sortiert, während sein entsetzter Blick fragt, wie man in drei Teufels Namen denn ohne Griechisch durchs Leben kommen kann.

»Den Ruf hat das Tasso durch die Schüler, nicht durch die Lehrer«, meint die frühere Geschichtslehrerin Vittoria Gallina. Es seien die »Kinder der Intelligenz«, die das Tasso zur Eliteeinrichtung gemacht hätten, findet auch die Kollegin Teresa Calvani und eben dieses liberal-antiklerikale römische Bürgertum mit seinem Hang zum »Radical-Chic« hege »die stolze Überzeugung, dass die Welt im Tasso beginnt und auch dort aufhört«. Der Religionslehrer Gualberto Giachi, der zwanzig Jahre am Tasso unterrichtete, erinnert: »Die Schüler, die aus den Vororten kamen, wurden von den anderen verachtet und integrierten sich nur mühsam. Es war eine Eliteschule mit einem gewissen Klassenbewusstsein.« In Rom gibt es bis heute eine kaum verbrämte und wenig durchlässige Klassengesellschaft. Wer's von zu Hause nicht mitbringt, traut sich kaum auf das *liceo classico*, obwohl die Schule doch eigentlich für jeden zugänglich ist.

Giulio Andreotti, der einflussreichste Politiker der Nachkriegsgeschichte, hebt etwas anderes hervor – die antifaschistische Haltung der Schule, die gleichzeitig die Kinder von Benito Mussolini erzog. »Der Rektor Antonio Amante schickte uns zum Abitur eine Glückwunschkarte und grüßte ›mit einem herzhaften Händedruck‹. Sogleich wurde er von der Partei verdonnert, weil er nicht den vorgeschriebenen faschistischen Gruß entboten hatte.« Amante war zwar Parteimitglied, schützte aber Kollegen, die an anderen Schulen bereits durch die 1938 erlassenen »Rassengesetze« diskriminiert worden waren. Und die Lehrerin Fortunata Grossholtz hatte den Mut, dem »Duce« ausrichten zu lassen, sein Sohn Vittorio sei als Schüler ein Desaster. Der Versuch Mussolinis, aus dem Tasso eine Eliteschule des Regimes zu machen, schlug fehl: Nicht wenige Lehrer seiner Kinder und eine ganze Reihe ehemaliger Mitschüler wurden aktive Kämpfer der Resistenza, der antifaschistischen Widerstandsbewegung.

»Anna Maria Mussolini kommentierte lauthals und ohne jede Verlegenheit alles, was sie an Nachrichten zu Hause aufschnappen konnte«, erinnert die Journalistin Luciana Castellina, eine Mitschülerin der Mussolini-Tochter. »Unseren armen Professor Gianni ließ sie vor Angst blass werden. Er trug, wie das vom Regime vorgeschrieben war, im Knopfloch eine Schleife mit der Aufschrift: ›Gott verdamme die Engländer‹.« Als die Deutschen nach dem 8. September 1943 in Rom einmarschierten, stürmten die Schüler Alfredo Reichlin, später im Parteivorstand der KPI, und Luigi Pintor, später Chefredakteur der kommunistischen Tageszeitung *il Manifesto*, das Rektorat und bedrohten Schulleiter Amante mit einer Pistole: Sie würden ihn erschießen, sollte er es wagen, die geplante Protestaktion gegen die Besatzer zu verhindern. Am Tasso entstanden Zellen der Resistenza, Luigi Pintor wurde von der Gestapo gefangen genommen und gefoltert, sein Bruder Gaime von den Faschisten ermordet.

Aber auch nach dem Krieg stand das Tasso stets im Mittelpunkt der politischen Ereignisse. »Als Eliteschule musste das liceo auch eine Schule für Politik sein, oder besser: der Erziehung zum politischen Handeln«, schreibt der Historiker Filippo Mazzonis. Nach 1968 wurde im Tasso wenig unterrichtet und sehr viel protestiert. Bereits an der ersten

Anti-Vietnamkrieg-Demonstration in Rom nahmen über dreihundert *tassinari* teil – sofort wurden deren Eltern von der Schulleitung informiert, eine Maßnahme, die man sich später sparte. Denn die Jahre bis 1977 waren eine Abfolge von Schulbesetzungen und zum Teil handgreiflicher Auseinandersetzungen zwischen den Schülern oder auch zwischen Schülern und Lehrern. Antonio Tajani, inzwischen Politiker der Berlusconi-Partei »Forza Italia«, beklagt noch heute, wie er im Jahre 1971 von seinen Mitschülern als »Faschist« beschimpft und verprügelt wurde, und Maurizio Gasparri, Kommunikationsminister der Berlusconi-Regierung und Mitglied der postfaschistischen »Alleanza Nazionale«, behauptet sogar: »Für einen Rechten wie mich war das Tasso wie ein Gulag des Vietkong und das wurde von der Schulleitung geduldet. Die Anführer der Linken waren die Kinder einer kommunistischen Bourgeoisie, die in ihren Nobelwohnungen die Gipfeltreffen derjenigen beherbergten, die an der Schule die Faschisten verhauten.«

Aber Abitur gemacht haben sie alle am Tasso. Und fast alle Protagonisten des »Klassenkampfs« an der Eliteschule sind heute an den Schaltstellen der Macht. Einige haben über die Jahre die Seiten gewechselt, andere sind ihren Überzeugungen treu geblieben.

Übrigens wussten die rechtsorientierten Schüler sehr wohl, was sie im Tasso erwartete. Die römischen Gymnasien haben einen einschlägigen politischen Ruf, der keineswegs unbedeutend ist bei der Wahl, die die Eltern für ihre Kinder treffen. Wer wohlhabend und konservativ ist oder gar von schwarzem Adel, bevorzugt ohnehin Privatschulen wie das San Giuseppe an der Piazza di Spagna, wo bei Schulgebühren von 6000 Euro im Jahr dunkelblaue Faltenröcke und Klubjacken vorgeschrieben sind. Sehr beliebt sind auch fremdsprachige Privatschulen wie die Deutsche Schule – wo viele Römer ihre Sprösslinge in der irrigen Hoffnung hinschicken, es würde ihnen von teutonisch-strengen Lehrern etwas Disziplin beigebracht –, die englischsprachigen Schulen und, nobler geht es nicht, das französische Châteaubriand.

Im Tasso wird, Elite hin oder her, gestritten und debattiert wie in alten Zeiten. »So regelmäßig, wie im Herbst die Kastaniensuche beginnt, wird im Winter die Schule besetzt«, sagt der Rektor halb wohlwollend, halb resigniert. Drei, vier Wochen, manchmal auch länger, dauert diese *autogestione*, ein typisch römisches, für die Sozialisation der Jugendlichen unabdingbares Phänomen, bei der die Schüler aus Protest gegen die herrschenden Zustände oder auch nur die neueste Schulreform und die vorgeschriebenen Prüfungsfächer im Zentralabitur im Klassenzimmer schlafen, während Eltern und Lehrer zu Hause kaum ein Auge zumachen. Aber sie wissen: *autogestione* muss sein, sie waren ja schließlich selbst schon daran beteiligt. Was soll man denn sonst den Enkelkindern erzählen? Das wochenlange Campieren in der Klasse stärkt die kindliche Autonomie (wobei immer wieder Mütter gesichtet werden, die verstohlen Fresspakete für ihre Zöglinge vorbeibringen) und das Zusammengehörigkeitsgefühl der Klasse. Die ganz Harten organisieren sogar selbstverwalteten Unterricht – auch für Griechisch und Latein.

Und nirgendwo sonst findet Schülerprotest so breites Echo wie an der römischen Eliteschule. Die Medien räumen den Forderungen der *tassinari* jede Menge Platz ein, was Wunder: Viele der Verfasser von Artikeln und Fernsehberichten waren selbst auf dem Tasso oder haben Kinder auf der Schule. Als die Ministerin kürzlich eine Delegation von *tassinari* empfing, druckten alle großen

Zeitungen, was der Schülersprecher anschließend über das Gespräch sagte: »Wir hatten auf ein klärendes Gespräch mit der für uns zuständigen Vertreterin der Regierung gehofft. Stattdessen behandelte sie uns wie eine Mamma.«

Piazza Mincio

Eine Schwäche für Badezimmer: Wie es sich wohnt

Unter dem mächtigen Eingangstor zum Quartiere Coppedé tummeln sich Goldfische in einem kleinen Teich. Dahinter liegt eine abgeschlossene Welt der Türmchenvillen, der Ritterfresken in Neorenaissance-Manier, der Gärten voller Engelstrompeten, Oleander und Mimosen. Hier haben renommierte Ärzte und Rechtsanwälte ihre Praxen, Lobbyisten ihre Studios, hier residiert das römische Bürgertum, von dem immer gesagt wird, dass es gar nicht wirklich existiert.

Die Kindergärten sind schallgedämpft und der Partyservice heißt »Principessa Gavia«. Einmal eintreten in einen dieser verwunschenen Gärten, in eine der Villen schauen, die aussehen wie kleine Märchenschlösser mit ihren steinernen Spinnen und Löwen, den blutroten Wänden und den Freskendecken, den breiten Treppen und dem Mosaikboden. Da kommt schon ein Portier und ruft: »Halt! Diese Villa gehört Pineider!« – eine edle Firma für feine Aktentaschen und noch feineres Papier und goldene Füllfederhalter. Die Piazza Mincio No. 2 hat einen Eingang als wäre es die maurische Kathedrale von Cordoba, und der Aufzug ist aus edlem Intarsienholz. Eine kleine, mit bordeauxfarbenem Samt bespannte Sitzbank, der Boden Parkett. Mehr als zwei Personen passen nicht hinein – das ist der diskrete Charme der römischen Belle Epoque. Wuchtige Wohnpalazzi zu beiden Seiten der Viale Regina Margherita, die kühl-eleganten Häuser des noblen Viertels Parioli, die historischen Paläste des Centro Storico: Dort möchten alle wohnen und am liebsten mit Terrasse. Aber selbst in den Außenbezirken ist Rom unerschwinglich geworden und je weiter man in Richtung Innenstadt kommt, desto weniger bewegt sich auf dem Wohnungsmarkt. Weil immer weniger Apartments für immer horrendere Summen zur Miete oder zum Verkauf stehen, fliehen die Familien neuerdings bis ins Umland: Römer werden zu Pendlern.

Schon zu Cäsars Zeiten waren die Wohnungsmieten in der Urbs viermal höher als im restlichen Italien und die meisten römischen Mieter mussten den größten Teil ihres monatlichen Budgets fürs Wohnen ausgeben. Grundstücksspekulation, Wohnungsmangel und Mietwucher sind keine Phänomene der Neuzeit – im Jahr 48 v. Chr. verfügte Cäsar gar eine einmalige Mietsenkung, um den Unmut in der Bevölkerung zu zügeln. Zum 1. Juli liefen im alten Rom die auf höchstens fünf Jahre ausgestellten Mietverträge aus und wer bis dahin nicht pünktlich gezahlt hatte, wurde eben zwangsgeräumt.

Seither hat sich nicht wirklich viel geändert. Mit der Einführung des Euro haben die ohnehin hohen Mieten auch außerhalb der Altstadt drastisch angezogen – in den beliebtesten Wohnvierteln haben sie sich schlicht verdoppelt. Zwischen dem Parlament und der Piazza Bologna muss man für eine Einzimmerwohnung um die 1000 Euro berappen »und die letzten Löcher in Trastevere«, berichtet ein Immobilienmakler, »vermieten wir immer noch für ein Geld, mit dem in Neapel eine ganze Familie leben müsste«.

Römische Immobilienmakler gelten als die ausgebufftesten ihrer Zunft. Zu ihrem Gewerbe gehört der systematische Telefonterror. Mindestens ein Dutzend Mal hätte ich schon Auskunft über den Gesundheitszustand des alten Generals geben sollen, der ganz allein und ohne Erben die große Wohnung im letzten Stock bewohnt. Über dem alten Herrn kreisen nämlich schon die Makler-Geier und lassen bei seinen Nachbarn die Telefondrähte glühen. »Ich rufe wegen des Inserats für Ihre Wohnung an«, ist ein anderer Spruch aus dem Programm der Immobilienprofis. Gemeint ist die Wohnung, in der man selbst bis dato eigentlich noch ganz ruhig gelebt hat. Ein Inserat gab es bislang noch nicht, aber mit dieser Art von dreistem Bluff werden neue Wohnungen akquiriert.

Ausländer sind besonders beliebte Mieter, weil sie erstens im günstigsten Fall ihre Miete nicht selbst bezahlen müssen, sondern den Arbeitgeber, der sie entsandt hat, zur Kasse bitten können, was die Preise garantiert hoch hält. Und zweitens ziehen sie nach einer Weile von allein wieder aus, sodass man die Wohnung anschließend für noch mehr Geld neu vermieten kann. Jahrzehntelang waren die Mieten in Rom mit dem so genannten *equo-canone*-Gesetz eingefroren, zumindest auf dem Papier. In Wirklichkeit kassierten die Vermieter nämlich schwarz. Das führte zu grotesken Situationen, wenn die Mieter etwa noch nicht einmal ihren Namen auf das Klingelschild setzen durften, weil der Vermieter Angst hatte, die Finanzpolizei könnte ihm und seinen Schwarzeinnahmen so auf die Schliche kommen. Auch Telefon- oder Stromrechnungen blieben grundsätzlich auf den Namen des Wohnungseigentümers ausgestellt, sodass der Mieter faktisch gar nicht existierte und jedenfalls nicht im Telefonverzeichnis auftauchte. Was sein Sozialleben überaus überschaubar machte.

Seit einigen Jahren sind die Mieten freigegeben, dürfen aber innerhalb des Vertragszeitraums von höchstens acht Jahren (vier plus vier) nur alljährlich um die Inflationsrate erhöht werden. Erst nach Ablauf des Vertrags kann der Vermieter draufschlagen, so viel er will. Ein Mieterschutz oder Gesetze gegen Mietwucher existieren nicht.

Die wenigsten Römer wohnen aber zur Miete. Sie halten diese Form des Wohnzinses für hinausgeworfenes Geld und den Vermietern trauen sie ohnehin nicht über den Weg – die meisten haben schließlich zumindest einen in der weiteren Verwandtschaft. Römer kaufen Wohnungen und neigen dabei zu abenteuerlichen Finanzierungsmodellen. Kredite von achtzig oder neunzig Prozent des Kaufpreises sind keine Seltenheit.

Wobei die wenigsten Wohnungen in den zentralen Vierteln der Altstadt und ihrer unmittelbaren Nachbarschaft kaufen, weil sich das kein Normalsterblicher leisten kann. Aber auch in der Peripherie übersteigt eine Eigentumswohnung inzwischen die Möglichkeiten eines römischen Durchschnittsverdieners, weswegen die römische Stadtverwaltung bereits den Wohnungsnotstand ausrief. Eine nette Geste, nur leider völlig ohne Folgen.

Manche investieren in eine Wohnung auf der Basis der *nuda proprietà*, was bedeutet, dass der bisherige Besitzer in seiner schon verkauften Wohnung leben bleiben darf, bis er stirbt. Die neuen Eigentümer sind, das liegt in der Natur der Sache, nicht besonders daran interessiert, dass der Vorbesitzer hundert Jahre alt wird. Eine alles in allem nicht unheikle Angelegenheit also, die eigentlich nur Unglück bringen kann – dem alten Besitzer und dem neuen, denn wer anderen den Tod wünscht, wird am Ende selbst erwischt. Das jedenfalls meinen diejenigen, die abergläubisch, phantasiebegabt oder einfach skrupulös genug sind, die *nuda-proprietà*-Annoncen lieber zu übersehen, zumal der Quadratmeterpreis inzwischen nur bei Eigentümern, die unter achtzig sind, deutlich niedriger liegt als bei freien Wohnungen. Ob bewohnt oder schon leer, Wohnungen sind sowieso unerschwinglich. Trotzdem haben wir, als uns an einem Samstag der Anruf einer guten Freundin erreichte, kurz geschwankt. »Die Wohnung neben uns soll verkauft werden«, sagte sie, »in nuda proprietà. Der Besitzer ist schon neunzig, aber vom Fallschirmspringen lässt er ganz bestimmt nicht ab.«

Demnächst läuft unser Mietvertrag aus. Also sind wir auf Wohnungssuche, wie die meisten Römer eigentlich immer, zumindest theoretisch. Die Immobilienmakler klagen darüber, dass nicht wenige Leute aus reiner Neugier kommen, um sich anderer Menschen Wohnungen anzuschauen. Aber die Sache hat auch unbestreitbar einen hohen Unterhaltungswert. Wenn man nichts Besseres zu tun hat, macht man eben mal einen Wohnungsbesichtigungstermin und kann dann in ein Loch an der Piazza Monte della Pietà, gegenüber dem Pfandhaus, geraten, das auf hundert Quadratmetern ein einziges Fenster besitzt, dieses aber dafür in drei Metern Höhe. »Diese Wohnung muss man verstehen«, sagt der Makler mit Kennerblick, während man selbst eigentlich nur begreifen möchte, mit welcher Chuzpe man für so einen Stall 500 000 Euro verlangen kann.

In der Via Cavour, unweit des Forum Romanum, war ein großer *attico* ausgeschrieben, eine Dachwohnung also, seit Cäsar die beliebteste Etage, weil Luft und Aussicht hoch oben am besten sind. »Der Stil dieser Wohnung«, spreizte sich der Makler, »ist ausgesprochen persönlich.« Und so war es, in der Tat. Jede Menge Schlafzimmer, jede Menge Spiegel – und ein merkwürdiger Wandschmuck. Nach einer guten Weile dämmerte es uns, dass die Wohnung zur Ausübung eines Gewerbes genutzt wurde, das schon zu Cäsars Zeiten ziemlich alt war. *Molto personalizzato.*

Nicht immer geht es so originell zu. In den allermeisten Fällen bekommt man nach der Besichtigung einen Grundriss ausgehändigt, anhand dessen man sofort feststellen kann, dass die reale Größe der Wohnung knapp der Hälfte dessen entspricht, was die Annonce versprach. Was den Quadratmeterpreis praktischerweise noch einmal verdoppelt. »Aber, aber!«, sagt der Makler neckisch, wenn man sich wieder mal nicht enthalten konnte, ihn auf dieses Detail hinzuweisen. »Wer kauft denn in Rom nach Quadratmetern, Signora?!« Nur Barbaren, mag er wohl leise hinzufügen. Und wer achtet in Rom schon darauf, dass die Aussicht aus dem Wohnzimmerfenster einen ins Ostberlin der siebziger Jahre versetzt? Dass die Küche unter Umgehung sämtlicher Bauvorschriften an einem Balkon hängt, der mit Plastikscheiben in Alurahmen verschlossen wurde? Dass die Kinder frühzeitig depressiv oder Anhänger von Lazio Rom werden könnten, weil ihre winzigen Zimmer auf einen blinden Schacht gehen? Nur Barbaren.

Römern ist das alles offensichtlich egal. Sie haben ganz andere Vorlieben für ihre Wohnung. Am wichtigsten sind ihnen die Badezimmer. Es müssen möglichst viele sein, am besten mit goldenen Armaturen. Lebt man in der Stadt des Caracalla oder nicht? Sogar Nero hatte seine Thermen und neuerdings werden in den Badeanstalten der Antike auch Opern gesungen. Also: Eine Wohnung mit nur einem

Badezimmer ist keine Wohnung, selbst wenn sie über eine riesige Terrasse verfügt und mitten in der Altstadt liegt.

Beliebt sind zwei Eingänge und eine vorzeigbare *rappresentanza*, ein Wohnzimmer, das mit Parkett oder Marmorboden in Friedhofsqualität ausgelegt ist und in dem genug Möbelstücke für die *soprammobili* stehen, jene Nippes-Teile also, die man insbesondere auf Hochzeiten bekommt. Am Ende einer Hochzeitsfeier überreicht die Braut jedem Gast weiße Zuckermandeln als Glücksbringer in einem eigens dafür ausgewählten Behältnis – sei es eine Keramikvase, eine Silberdose oder ein Lederetui. Manche Römer könnten ohne weiteres ein Museum für Hochzeitsnippes aufmachen, so viele Mandelgefäße haben sich in ihrer Wohnung angesammelt.

Man wohnt, wie man sich kleidet, ausgesprochen konservativ. Wer es sich leisten kann, umgibt sich mit wertvollen Antiquitäten und teuren Teppichen. Die anderen setzen auf – Imitationen. Lieber falsches Mahagoni als echte Fichte. »Wenn ein Brautpaar bei mir moderne Möbel für seine gemeinsame Wohnung aussucht«, berichtet der Inhaber eines Designmöbelladens in der Innenstadt, »dann kommen hinterher ganz bestimmt die Eltern und sagen Nein. Das Argument ist immer: Für das viele Geld bekommt ihr in der Via Coronari doch echte Antiquitäten.« Rom ist nicht Mailand, sondern eigentlich noch immer eine zutiefst barocke Stadt. Hier mag man lieber Schnörkel, als sich im Minimalismus zu üben. Man pflegt eine profunde Liebe zum Kitsch.

Die gestrenge Denkmalschutzbehörde sorgt dafür, dass zumindest äußerlich an den römischen Palazzi nichts aus dem Ruder läuft. Trotzdem versuchen besonders in der Altstadt manche Wohnungsbesitzer sich ein wenig auszubreiten, wenn die Polizei gerade mal nicht hinschaut. Vorzugsweise im Ferienmonat August, wenn Rom menschenleer ist, werden auf Dächern und Terrassen ruck, zuck Mauern gezogen und über Nacht verputzt, damit der Schwarzbau organisch gewachsen aussieht. Kürzlich wurde eine bekannte Modeschöpferin dabei ertappt, dass sie ihren *attico* an der Piazza Navona »aufgestockt« hatte. Eine andere Unternehmerin hatte sich gar ein ganzes Holzhaus auf ihr Grundstück an der Via Appia Antica setzen lassen. Am Tag darauf kam tatsächlich der Abrissbagger.

Piazza di Spagna

Die Macht der Schönheit und die Tyrannei des Geschmacks

Man muss ja nur eine Viertelstunde auf diesen Treppenstufen sitzen, um festzustellen: Die Römer sind eleganter als wir. An ihrer Kleidung von weitem zu erkennen. Er immer im Anzug, sommers wie winters. Sie winters mit Pelz, sommers im Chiffonkleidchen und im Frühjahr und Herbst im Kostüm. »Es ist gar nicht so, dass sie wirklich besser angezogen sind als wir«, hat einmal ein aus Deutschland angereister Kollege erstaunt und natürlich ein bisschen neidisch festgestellt. »Sie bewegen sich nur viel selbstbewusster.« Aber das ist noch nicht die ganze Wahrheit. Nein, nicht nur das Sich-Bewegen ist anders. Sicher, Römer schlurfen nicht. Sie schreiten. Die Straße, die Piazza ist eine Bühne. Schlurfen kann man schließlich zu Hause, obwohl, selbst da ... Man schlurft einfach nicht durchs Leben. Und man zieht sich, auf der Bühne zumal, anständig an. Eine deutsche Zeitung hat vor kurzem einmal eine Erhebung an einer Berliner Straßenkreuzung gemacht. Es war Winter und der Journalist zählte die Menschen im Mantel, die an ihm vorbeigingen. An einem Vormittag waren das zwei Frauen und überhaupt kein Mann. Der lange Mantel, das städtische Kleidungsstück par excellence, ist aus Deutschland fast verschwunden. In Rom ist er unverzichtbar.

Nicht, dass die römische *borghesia* modeversessen wäre. Im Gegenteil, sie hat einen recht konservativen Geschmack. In den Straßen des Modeviertels zwischen Spanischer Treppe und Piazza del Popolo werden Sie keine Freakläden finden, sondern nur dezent dekorierte Vitrinen voller edler Klassiker. Über die Verrücktheiten der großen Designer aus dem Norden rümpft man hier nur die Nase. Wer in Rom Erfolg haben will, muss auf die Variation des Immergleichen setzen, denn Stil zu haben bedeutet in dieser Stadt, ihn möglichst ein Leben lang nicht zu verändern. Früher hatte jede Signora ihre Schneiderin, die sie von der Hochzeit bis ins fortgeschrittene Matronenalter begleitete. Die als zu jugendlich abgelegten Teile aus besten Stoffen änderte sie für die nächste Generation unwesentlich. Heute pflegen die Damen der *borghesia* zwar von der Stange zu kaufen, allerdings am liebsten in Geschäften, die schon von ihren Müttern frequentiert wurden. Gediegene Traditionsläden, so vornehm-zurückhaltend wie die Via dei Condotti, die berühmteste und teuerste Einkaufsstraße der Stadt.

Wer junge, hippe Mode sucht, muss nach Mailand fahren, dort einen kurzen Zwischenstopp einlegen und dann ganz schnell weiter nach Berlin, London, Paris. In Rom gibt es ungefähr zwei Boutiquen, in denen Sie ein Kleid erstehen können, das an Ihrer Schwiegermutter eventuell doch ein wenig verboten aussähe. Diese Geschäfte erkennen Sie daran, dass die dort beschäftigten Verkäuferinnen darauf verzichten, mit erhobenen Augenbrauen und missbilligendem Unterton festzustellen: »Sie sind aber nicht von hier?«, weil sie selbst nämlich auch aus dem Ausland kommen. Römerinnen gehen in solche Läden ausschließlich, um sich gepflegt zu entsetzen. Einerseits über die bizarren Teile, die dort ausgestellt werden. Andererseits darüber, wie provinziell doch die römische Mode ist. Aber etwas kaufen von jungen Designern aus Amsterdam oder Köln? Bitte schön, wo soll man das Zeug denn tragen?! Zur nächsten Hochzeit? Na, doch lieber Kostüm. Im Büro? Sowieso Kostüm. Zur Weihnachtsfeier mit der Familie? Rotes Schnittkleid. Passend zur roten Tischdecke. Für die Farbe Rot ist der Modeschöpfer Valentino zuständig, ein älteres Semester, der mit seiner eigenen Mode-Ikone Sophia Loren gealtert ist. Beide tragen die gleiche, selbstredend leicht rotstichige Haarfarbe. Rot gibt's also bei Valentino, Streifen bei Missoni. Alle anderen bieten: im Sommer Weiß und Pastell, im Winter Beige, Schwarz und Braun. Und Schluss. Damit es bloß nicht zu bunt wird.

Römer bewundern Mut zur Mode. »Wo hast du das her? Doch nicht hier gekauft? So was gibt's doch gar nicht in Rom.« Sie freuen sich über Farbkleckse und gewagtes Design. Aber deshalb würden sie sich so etwas noch lange nicht selbst antun. *Fare bella figura* heißt, niemals aus dem Rahmen zu fallen. »Mein Vater brachte mir bei, dass kein anständiger Mensch im Laufe seines Lebens die Konfektionsgröße ändert.« Dieses Geständnis machte die prominente Journalistin Barbara Palombelli, Römerin und über lange Jahre First Lady an der Seite ihres Mannes, des Bürgermeisters Rutelli. Römerinnen sind ständig auf Diät, damit sie ihre klassische Garderobe unverändert auch noch im nächsten Jahrzehnt tragen können.

Auch die Haarfarbe verrät nichts. Sicher, es gibt eine Hand voll römische Intellektuelle, die sich trauen, ihr ergrautes Haar in aller Öffentlichkeit zu tragen. Alle anderen färben ab dreißig, in genau zwei Tonlagen. Erst kommen die *colpi di sole*, die »Sonnenstrahlen«, blonde Strähnchen, die sich im Laufe der Jahre mirakulös ausbreiten. Später wird der Kopf dann vollständig blond, oder, je nach Temperament, strahlend rot. *Rosso menopausa* nennt der Volksmund diese Farbe in schöner Gnadenlosigkeit, vermutlich gab es auch einen lateinischen Ausdruck dafür, denn die Rotfärbung war schon in der römischen Frühzeit beliebt. Vor der Einführung des ägyptischen Hennapulvers wurde einfach Asche benutzt, um den Haarton aufzufrischen. Zur Blondierung dienten Importe aus Nordeuropa wie die von Ovid erwähnten germanischen Kräuter zum Färben. Auch einige Männer färbten bereits im alten Rom – aber als elegant galt das damals wie heute keineswegs.

Schon im Kindergartenalter werden die kleinen Römer zu Kleidungskonformisten erzogen, damit sie möglichst früh erkennen, was man tragen darf und vor allem – was nicht. Denn allzu exzentrisch oder schlimmer noch, schlampig, aufzutreten, gilt als unverzeihliche Sünde. Niemals werden Sie einen römischen Gastgeber in Pantoffeln oder im Trainingsanzug vorfinden, ebenso wenig wie ein Römer sich mit kurzen Tennissocken auf der Straße zeigen würde. An Socken oder gar Shorts erkennt man aus der angelsächsisch-germanischen Welt hereingeflutete Barbaren, die von Frauen mit ärmellosen T-Shirts und nicht ordentlich enthaarten Beinen begleitet werden. Am besten übersieht man so etwas geflissentlich, es sei denn, man arbeitet als Wächter in einer römischen Kirche. Dann kann man derart Unzivilisierten wenigstens eine kleine Lektion erteilen, indem man ihnen den Zugang zu Zeugnissen einer höheren Kultur versperrt.

Absurderweise lieben Römer englische Mode und englische Stoffe. Es gibt Snobs aus Parioli, die ihre Strümpfe grundsätzlich nur in London kaufen. Englische Wettermäntel und Schottenkaro sind aus der römischen Mode nicht wegzudenken – was die Römer nicht davon abhält, die Engländer unfassbar exzentrisch zu finden. Der römischen Mentalität entspricht es, kulturelle Anregungen aus dem Ausland aufzunehmen und zu verbessern. Das hat man durch die Jahrhunderte bis zur Perfektion betrieben, ohne deshalb – Gott bewahre – auch nur annähernd ausländisch wirken zu wollen. Schließlich ist man als Römer selbst eine Ikone und der Welt ein Beispiel. Und als Römerin erst recht.

Im Sommer zieht sich la Signora gern aus – der Signore nie, er verzichtet allerhöchstens auf die Strümpfe, niemals aber auf die Krawatte. An lauen Abenden flaniert sie dann durchs Centro Storico, auf hochhackigen Sandaletten, mit atemberaubendem Dekolleté und perfekter Bräune. Irgendwie schafft sie es, auch dann noch klassisch auszusehen. Kein Millimeter Ausschnitt zu viel, kein Zentimeter Rock zu wenig, und dazu ein alles abkühlender Gefrierschrankblick. Das muss man können und kann man nicht nachmachen, genauso wie einen dicken Nerz selbstbewusst durch die Maisonne zu tragen oder Leinenjäckchen mit Goldknöpfen von Untertassengröße.

Wobei Sie sicher sein können: Hier ist alles Gold, was glänzt. Römische Frauen lieben Schmuck, aber echt muss er sein. In kaum einer anderen Stadt der Welt gibt es eine derartige Dichte von Juweliergeschäften und ein Blick in die verschwenderisch dekorierten Schaufenster genügt, um festzustellen, dass in puncto Juwelen das römische Hochbarock unverändert andauert. Gold, Perlen und schwere Edelsteine werden in einer Unzahl von Werkstätten verarbeitet, auch Korallen sind immer noch sehr beliebt, weil sie angeblich den bösen Blick abwenden. Ganz auf Schmuck zu verzichten, ist ein Zeichen von intellektuellem Snobismus.

In Rom kann man die Klassenzugehörigkeit immer noch stärker am Habitus erkennen als in anderen Metropolen. Alter Adel und eingesessenes Bürgertum setzen auf edles Understatement, doch wer richtig reich ist, will das auch zeigen. Pelz ist immer noch ein wichtiges Statussymbol, ebenso wie sündhaft teure Schuhe und Kleidung mit deutlich sichtbarem Luxuslabel. Die Frauen aus dem *popolino* indes lieben es bunt, üppig und figurbetont. Für das Wörtchen »aufgedonnert« gibt es, nicht von ungefähr, keine Übersetzung. Immer noch herrscht die Ansicht vor, dass ein bestimmter Kleidungsstil mit einer gewissen politischen Ansicht korrespondiert. So debattieren etwa die weiblichen Parlamentsabgeordneten gern und ausführlich über die angemessene Höhe von Absätzen: Hohe Hacken gelten als »rechts«, flache Schuhe als »links«, und über solche Themen werden Grabenkämpfe geführt, wie sie andernorts schon längst unvorstellbar sind. Aber die Manie, *bella figura* zu machen und bloß nicht aus der eigenen gesellschaftlichen Gruppe herauszufallen, hat natürlich die Volksvertreter ebenso im Griff wie ihre Wähler.

Dabei liegen die meisten Jugendlichen im globalen Trend. Sie wollen aussehen wie ihre Altersgenossen in London und Paris und lehnen die Erziehungsmaxime *bella figura* rundheraus ab. Diese Generation von Römern vermischt sich kleidungsmäßig mit den Touristen, läuft im Sommer in Badeschlappen durch ihre Stadt und ist nicht mehr eindeutig zuzuordnen: New York oder Frascati? Man wird sehen, wie diese Entwicklung weitergeht. Einstweilen sollten Sie aber einen Mantel einpacken und die kurzen Socken zu Hause lassen. Falls Sie tatsächlich immer noch welche haben.

Piazzale del Verano

Der hohe Preis der Ewigkeit – Totenkult und Gräbernot

Zwischen den Statuen der Meditation, der Hoffnung, der Barmherzigkeit und des Schweigens liegt der Eingang zum Monumentalfriedhof Verano. 1812 wurde er auf Anordnung der französischen Verwaltung eröffnet. Leise Geigenmusik empfängt die Besucher, sie kommt aus dezent versteckten Lautsprecheranlagen. Es duftet nach Zypressen und Orangenblüten. Rechts vom Eingang, vorbei am Monument für Garibaldi, das von einer Katzenkolonie belagert wird, liegt der Lotto Due, der Block Nummer 2, und hier das Grab von Franco Bocchetti.

Bocchetti war ein großer Fußballfan und liebevoller Vater, beides hat er der Nachwelt hinterlassen. Über seinem Grabstein weht, auf eine eiserne Fahnenstange gezogen, das Banner des AS Rom, vor seinem Foto stehen stets frische Blumen in den Vereinsfarben Gelb und Rot. Sein Sohn hat ihm einen im Dialekt verfassten Nachruf an den Marmor geheftet, in dem er daran erinnert, wie der Vater ihn einst an die Hand nahm, um den AS Rom spielen zu sehen.

»Das Leben hat's gut mit mir gemeint«, schreibt der Sohn, »ich hab 'ne Arbeit, 'ne Frau und 'nen kleinen Jungen, der mich mag und der näher zu mir rückt, wenn ich ihm von unserem großen Spieler Conti und dem großen Präsidenten Dino erzähle. Papa ich habe dich lieb«, schließt der Sohn in seinem Brief an den toten Vater. »Und immer Forza Roma.«

Es muss doch Fußball geben im Paradies, wenigstens in der römischen Abteilung. Todesanzeige im Lokalteil Rom des *Corriere della Sera*, Montag, der 23. November 2003. »Ciao Dino, gestern haben wir haushoch gewonnen, aber es war traurig. Forza Roma auch da oben. Dein Giovanni.«

Andererseits gibt es Roma-Tifosi, die sich auf dem Sterbebett noch schnell zu Lazio bekennen – so stirbt nämlich einer von denen. Römer können zynisch sein im Umgang mit dem eigenen Tod, und gnadenlos praktisch mit dem Ableben der anderen. In unserer Familie wird bei jeder größeren Feier von Tante Luisa und Onkel Antonino erzählt, die vor Jahren vorsorglich ihre letzte Ruhestätte auf dem Campo Verano gekauft hatten. »Bist du verrückt, unser Grab auf dem Pincetto zu kaufen?«, hat Zia Luisa gemurrt, als Zio Antonino ihr stolz von seiner Zukunftsinvestition berichtete. »Wie soll ich dich denn da oben besuchen kommen, bergauf im Sommer, bei 40 Grad im Schatten? Ich bin doch jetzt schon nicht mehr ganz so gut zu Fuß.« Dabei hat sie natürlich Recht behalten, hat ihren Antonino um etliche Jahre überlebt und musste ihn ganz oben auf dem Pincetto besuchen, nach einem steilen, mühsamen Fußweg. Aber die Aussicht, hatte Antonino eingewendet, die Aussicht und der *decoro*... Womit er ausdrücken wollte, dass es sich bei der von ihm ausgesuchten Grabstätte um eine anständige, seinem gesellschaftlichen

Status angemessene Adresse handelte, eben eine Bleibe mit einem gewissen Niveau.

Der diesseitige Pragmatismus der Römer macht auch vor dem Tod nicht Halt. Zum Glück stirbt man ja nur einmal, sagt hier der Volksmund. Mit Ewigkeiten kennt man sich hier schließlich aus: Wird schon nicht so schlimm sein. Hauptsache, die Familie bleibt zusammen und macht gegenüber der Nachwelt weiterhin eine *bella figura*. Weswegen, wer zu Lebzeiten etwa im Nobelquartier Parioli unweit der Villa Borghese gewohnt hat, sich gern zur letzten Ruhe auf den Pincetto-Hügel betten lässt. Nicht von ungefähr ist die kleine, mit Zypressen gesäumte Erhebung auf dem Campo Verano nach dem Pincio-Hügel über der Piazza del Popolo benannt. Ob Pincio oder Pincetto, Hauptsache *decoroso*. Soll das gemeine Volk doch unten im Dunst liegen, die Luft ist hier oben viel besser. Wenn man es schon nicht zu einer Familienkapelle gebracht hat – dem sündhaft teuren, auf dem Verano aus Platzgründen mittlerweile fast unmöglichen Statussymbol der High Society –, so will man wenigstens eine Bleibe in einem »guten Viertel«. Denn wer das nicht aufweisen kann, wird nach einigen Jahren unweigerlich ins Ossarium sortiert, die Knochensammelstelle für das gemeine Volk. Woanders mag der Tod als großer Gleichmacher gelten, in Rom baut man lieber vor.

Die Stadt selbst ist ein einziger, großer Friedhof. Zweihundertfünfzig christliche, dazu eine ganze Menge jüdischer Katakomben, etwa unter dem Park der Villa Torlonia. Im Mittelalter war Rom so dünn besiedelt, dass die Toten problemlos innerhalb der Stadtmauern beigesetzt werden konnten – in den Kirchen, Bruderschaften, Klöstern und bei den Krankenhäusern, die getrennte Friedhöfe für ihr Personal betrieben. Bis zum Anfang des 19. Jahrhunderts galt es als ausgesprochen unschicklich, sich beerdigen zu lassen. In die geschundene Erde der Ewigen Stadt wurden die Armen gelassen, die Nicht-Katholiken, Verbrecher und Prostituierte. Wer aber auf sich hielt, ließ sich in eine Kirche einmauern. »Für den römischen Bürger kam nichts anderes infrage, als sich in der Kirche, die seiner Wohnung am nächsten lag, bestatten zu lassen«, schreibt der römische Historiker Mario Sanfilippo. »Nur auf diese Weise war die Beziehung zur eigenen Familie und zur Nachbarschaft auch über den Tod hinaus gewährleistet.«

Noch 1832, als mit der rasant angewachsenen Bevölkerung die hygienischen Probleme der Kirchenbestattung offensichtlich geworden waren, wurde der Vorschlag laut, doch das inzwischen zur Kirche geweihte Kolosseum in einen Friedhof zu verwandeln. Das gemeine Volk, so der kühne, uns heute unbekannte Erfinder, könnte doch im Staub der alten Arena verscharrt werden, während man die Plätze der Patrizier und die Cäsarenloge zu angemessenen Grabstätten für die oberen Zehntausend ausbauen könnte. Daraus wurde nichts. 1836 verfügte der Kardinalvikar Carlo Odescalchi ein Verbot der Kirchenbestattung – mit Ausnahme von Päpsten, Kardinälen, Bischöfen und Adligen, die über eine Familienkapelle verfügten, so wie Fürst Odescalchi selbst. Gleichzeitig wurden die Arbeiten zum Ausbau des Campo Verano vorangetrieben, der neben der Kirche San Lorenzo damals nur knapp außerhalb der Aurelianischen Stadtmauern lag. Odescalchi und sein päpstlicher Dienstherr ließen sich auch nicht erweichen, als 1837 die Cholera ausbrach und die Oberschicht angesichts der entsetzlichen Aussicht auf nicht standesgemäße Bestattung anfragte, ob es nicht die Möglichkeit einer »povisorischen Beerdigung« auf dem Verano gebe – um dann, nach ein, zwei Jährchen vielleicht doch in der Kirche …

Inzwischen lassen standesbewusste Römer nichts unversucht, um ein Grab auf dem hoffnungslos überfüllten Verano zu ergattern. Manchmal greifen sie zu nicht ganz lauteren Mitteln. Vor ein paar Jahren gab es mitten im Sommerloch einen netten kleinen Bestechungsskandal, als ruchbar wurde, dass Mitglieder der neuen Medienprominenz der Hauptstadt, TV-Moderatoren und Showstars also, der Friedhofsverwaltung nicht unwesentliche Summen an Schmiergeldern gezahlt hatten, um sich ein Plätzchen für die Ewigkeit wenigstens am Fuße des Pincetto zu sichern.

Geld regiert die Totenwelt, weswegen im Jahre 2002 zwei Friedhofsgärtner im Gefängnis landeten, die höchstselbst mehrere Dutzend Grabstätten im jüdischen Teil des Campo Verano beschädigt hatten. Tagelang hatte die Polizei nach mutmaßlichen rechtsextremen Grabschändern gefahndet und Papst Johannes Paul II. hatte persönlich die vermeintlich antisemitische Untat auf dem Verano verurteilt. Dabei bewegten die kriminellen Gärtner keineswegs politische oder religiöse Motive. Ihnen ging es schlicht um *pecunia.* Sie wollten eine Gärtnerkooperative vertreiben, die sich im Auftrag der Friedhofsverwaltung um die Pflege der jüdischen Gräber kümmerte – um selbst für gutes Geld deren Aufgabe zu übernehmen. Nicht nur ein Grab auf dem Verano ist nämlich fast so teuer wie ein Mini-Apartment in der Innenstadt, die Pflege ist es auch. Der Friedhof ist eine Oase der Schwarzarbeit, in der sich pensionierte oder anderswo beschäftigte Gärtner gern ein abgabenfreies Zubrot verdienen. Wenn wir die jüdischen Gräber beschädigen, so der Plan der Gärtnermafia, dann muss der Friedhofsdirektor zurücktreten und die Kooperative verliert den Auftrag.

Die Stadtverwaltung hat mittlerweile verfügt, dass man ein Grab auf dem Verano nur noch erben kann. Aber natürlich geht immer noch was ... nicht jeder Erbe will ja in Urgroßvaters *loculo* einziehen. Der Gräber-Schwarzmarkt blüht und die angestammten Erben verkaufen ihr Ruherecht gewiss nicht für einen Teller Linsensuppe. Ob im Diesseits oder im Jenseits: Wohnen in Rom ist nun mal kostspielig.

Wer nicht mitbieten will oder kann, der muss am Ende auf den Cimitero Flaminio ziehen. »Prima Porta« nennen die Römer den Friedhof am nördlichen Stadtrand nur, den die meisten Angehörigen mit Lageplan in der Hand besuchen. Denn der 1941 eröffnete *camposanto* ist eine riesige Totenstadt mit Häusern, die modernen Wohnpalazzi ähneln. In mehreren Stockwerken mit Treppen und Korridoren werden hier die römischen Normalsterblichen eingemauert. Inzwischen gibt es selbstredend auch auf dem Cimitero Flaminio gute und weniger gute »Wohngegenden« mit anständigen oder weniger anständigen »Nachbarschaften«. In regelmäßigen Abständen berichtet die Lokalpresse über entnervte Witwen, die sich darüber beklagen, dass »die Nachbarn« ihnen dauernd die Blumen für den eingemauerten Ehemann klauen, obwohl man doch extra eine »gute Gegend« ausgesucht habe.

Alles aber können die Römer ertragen, alles außer der Anonymität. Ein anonymes Grab, eine letzte Ruhestätte ohne Hinweis auf ihre Identität – das wäre für sie der Vorhof zur Hölle. Wo kommt man denn sonst hin, wenn man noch nicht einmal einen Laziale vom Romanista unterscheiden kann?

Piazza di Trevi

Eine Münze für die Wiederkehr

Aber natürlich werden Sie eine Münze in diesen Brunnen werfen. Das ist ja wohl das Mindeste, was man von einem Rom-Touristen verlangen kann. Wie meinen? Sie haben irgendwo gelesen, das sei verboten? Stimmt genau. Es ist verboten, in diesen grandiosen Barockbrunnen Metallgeld zu werfen. Deshalb gibt es auch so viel Polizisten um die Fontana di Trevi (und natürlich wegen der Taschendiebe). Andererseits: Man erwartet es von Ihnen. Oder wollen Sie etwa nicht wiederkommen? Na also. Den Brauch, heißt es, hätten römische Soldaten erfunden, die nach der italienischen Reichsgründung ins Heer der Piemonteser eingezogen wurden. Mit ihren Freundinnen setzten sie sich auf den Brunnenrand, schöpften Wasser mit einem Trinkglas und warfen anschließend das Glas über die Schulter in die Fontana. Ja, ja, ich weiß, welche Frage jetzt kommt. Das beschäftigt doch jeden Nordländer, da sind Sie nicht alleine. Alle, alle fragen reflexartig, was mit dem ganzen Geld geschieht, das in den Brunnen fällt. Überschlagen schleunigst im Kopf, wie viel sich denn da so ansammeln könnte im Laufe eines Tages. Sehen Sie, und genau deshalb müssen Sie eine Münze werfen. Weil Sie nämlich ein Tourist sind. Wären Sie ein Römer, würden Sie sich solch abwegige Gedanken erst gar nicht machen.

Übrigens ist Wasser so ziemlich das Einzige, was es umsonst gibt in Rom. »Die Wasserbehörde hat dafür Sorge zu tragen, dass die öffentlichen Brunnen möglichst ohne Unterbrechung bei Tag und Nacht ihr Wasser zum Nutzen des Volkes fließen lassen«, heißt es in einem bis heute nicht aufgehobenen Senatsbeschluss, den Sextus Julius Frontin in »De aquaeductu urbis Romae« aus dem Jahr 97 n. Chr. überliefert. Im konstantinischen Rom beschäftigte die Wasserbehörde neben Ingenieuren, Klempnern und Architekten fast siebenhundert Arbeiter, die jeden Bewohner der Millionenstadt täglich mit tausend Litern Wasser versorgten – doppelt so viel wie heute. Noch heute gibt es rund zweitausend Trinkbrunnen neben Hunderten von Prunkbrunnen. Die klassische *fontanella* hat eine Wolfsschnauze, aus der kühles Trinkwasser rinnt. Eine symbolische Brunnenzierde – die Wölfin Roma, die einst Romulus und Remus säugte, stillt unentwegt den Durst der ganzen Stadt.

Bewachen aber muss das Wasser der Römer ein ungleich demütigeres Tier, die Forelle. Aus Angst davor, dass Terroristen ihr Trinkwasser vergiften könnten, hat die Stadtverwaltung nach dem 11. September 2001 Forellen in die Wasserleitungen gesetzt. Die Fische, die nur im allerfrischesten Wasser munter bleiben, dienen den Römern jetzt als Mundschenke, deren eigenes Wohlergehen den Schutz aller garantiert. »Wasser ist unerlässlich zum Leben, für das Vergnügen und den täglichen Gebrauch«, hinterließ Vitruv, der Theoretiker avantgardistischer Architektur aus dem ersten Jahrhundert v. Chr. Lebensnotwenig wie die

Luft also, und die Luft zum Atmen bezahlen wir ja auch nicht, noch nicht einmal in Rom.

Abgesehen vom Wasser werden Sie hier selbstverständlich abgezockt, was haben Sie denn gedacht. Insofern hat die Münze im Trevi-Brunnen ihre ganz eigene, symbolische Bedeutung. Zahlen, wiederkommen, wieder zahlen. Das ist der Kreislauf, in dem sich der Rom-Reisende bewegt. Nun stellen Sie sich nicht so an, auch dabei sind Sie nicht der Erste und nicht der Einzige. Es handelt sich um einen abendländischen Ritus. Seit Jahrhunderten kommt man nach Rom, um zu staunen und dabei sein Geld loszuwerden. Und, mal ehrlich: Ist das hier nicht unbezahlbar? Schon mal woanders so was gesehen? Diese Größe, diese Schönheit, die Historie und das Licht?

Es gibt Reisende, die sich über die Römer beklagen. Dass man ihnen nicht freundlich genug entgegenkommt. Sie über den Tisch zieht. Viel Geld verlangt für winzige, dunkle, nicht immer saubere Hotelzimmer und schlechtes Essen. Schlechten Service. Zehn Euro für ein Bierchen auf der Piazza Navona, und die Schale Erdnüsse dazu erst nach Aufforderung. Zu schweigen von den Taxifahrern. Ach, Sie haben Recht. Andererseits … Ja, sitzen Sie denn zu Hause in Dortmund auf einer Piazza Navona? Oder im Stadion des Diokletian, im Schatten des Bernini-Brunnens? Nein, da gehen Sie in Ihre Kneipe am Ostwall. Und bekommen Ihr Bier für – na, geschenkt. Machen Sie sich darauf gefasst, dass Sie in Rom nichts Besonderes sind. Dass man über Ihren Protest nur leicht die Schulter heben wird und sonst gar nichts. Sie werden ja doch wieder gehen. Und der Nächste wird kommen, protestieren und zahlen. Römer unterscheiden sehr wohl zwischen Touristen und Gästen. Zu Letzteren sind sie von einer umwerfenden Gastfreundschaft. Erstere aber haben sie ja nicht wirklich eingeladen. Das protestantische Prinzip: Ich zahle, also will ich dafür eine Leistung, funktioniert hier nicht. In Rom sein zu dürfen, meinen die Römer, ist doch schon Leistung genug. Seit einigen Jahrhunderten ist der Tourismus hier ein Selbstläufer, sicher, es gibt gute und schlechte Saisons, aber am Ende ist die Bilanz gewöhnlich ausgeglichen.

Dabei gibt es Menschen, die es einfach nicht übers Herz brachten. So wie C. G. Jung, der berühmte Psychoanalytiker aus der Schweiz. Jenseits der Alpen erschauerte Jung in Ehrfurcht vor dem »noch rauchenden und glühenden Brandherd alter Kulturen, eingeschlossen in den Wurzelgeflechten des christlichen und abendländischen Mittelalters« und wunderte sich über Menschen, die mir nichts, dir nichts »nach Rom reisten wie nach Paris oder nach London«. Mit 74 Jahren beschloss Doktor Jung, es endlich auch einmal zu versuchen. Nach Rom zu fahren, wie alle anderen. Die Ehrfurcht hinter sich zu lassen oder sie, auf ein nicht allzu sperriges Gepäckstück gestutzt, einfach mitzunehmen. Aber als er die Fahrkarte in der Hand hielt, erlitt er einen Ohnmachtsanfall. Es war einfach zu viel für ihn. Jung ist nie nach Rom gereist – und hat nie erfahren, was er verpasst hat.

Der Rom-Tourismus begann schon zur Zeit von Papst Gregor dem Großen, kaum dass die Ostgoten und Langobarden sich verzogen hatten. Unter Gregor, der Britannien christianisieren ließ, kamen die ersten Pilger zu den Apostelgräbern – und lernten einen schwunghaften Handel mit christlichen Reiseandenken kennen.

Der Kaiserin Constantina, die ihn mal eben um den Kopf des Apostels Paulus zur Ausschmückung einer Kirche in Byzanz gebeten hatte, antwortete Papst Gregor erbost, es sei eine Todsünde, die Leiber der Heiligen auch nur zu berühren, und er kenne jede Menge Beispiele von Sündern, die während eines solchen Sakrilegs vom Schlag getroffen worden seien. Kurzum: Paulus habe – vollständig – in Rom zu bleiben. Überdies sei es vollkommen hinreichend, wenn man ein Stück Tuch, welches das Grab des Apostels bedeckt habe, in eine Büchse tue, um in den Genuss seiner Wunderkräfte zu kommen. Eine geniale päpstliche Geschäftsidee, die in Gregors Heimatstadt über Jahrhunderte gewinnbringend umgesetzt wurde. Der Papst beauftragte eigens einen Priester damit, die Gefängnisketten des Apostels Petrus sorgfältig abzufeilen, denn jedes Spänchen konnte ein Scherflein einbringen.

Bald strömten die Pilger in Scharen herbei, um Roms famose Reliquien zu bestaunen oder gar ein wundertätiges Körperteil von einem Märtyrer nach Hause zu tragen. Vor den Kirchen und Katakomben wurden die makabren Souvenirs feilgeboten, die Preise regelten sich in diesem frühchristlichen Seelen-Kapitalismus nach Angebot und Nachfrage. Genau wie heute gab es auch damals schon skeptische Geister, die sich von den Römern partout nicht übers Ohr hauen lassen wollten. Wie jene Griechen, die sich eigenhändig daranmachten, die Erde um die Paulus-Basilika umzugraben, auf der Suche nach dem ein oder anderen wertvollen Knochen. Sie wurden erwischt und ihre Spuren verlieren sich im Dunkel der Geschichte.

Gregor aber, der Römer aus altem Patriziergeschlecht, versandte Ketten und Knochen an »Personen höchsten Ranges«, Könige etwa oder Präfekten. Weniger wichtige Menschen erhielten Fetzen von Baumwolle, welche in das Öl getaucht worden waren, mit dem die Lampen auf den Märtyrergräbern brannten.

Im neunten Jahrhundert, als im Gefolge der Karolinger Massen fränkischer Pilger in die Heilige Stadt zogen, kam es dann zu einem regelrechten Run auf die Reliquien. »Die

Römer, welche die Bedürfnisse des Auslandes immer mit praktischem Verstande auszubeuten wussten«, schreibt Gregorovius, »trieben damals einen förmlichen Handel mit Leichen, Reliquien und Heiligenbildern, dies und etwa noch der Verkauf alter Handschriften war alles, worauf sich ihre Industrie beschränkte. Die zahllosen Pilger aber wollten die heilige Stadt nicht verlassen, ohne ein geweihtes Andenken mit sich zu nehmen. Sie kauften Reliquien aus den Katakomben, wie hier die Besucher heute Juwelen, Gemälde und Bildwerke kaufen.« Übrigens: Nur Fürsten durften ganze Leichname nach Hause schleppen, doch »die Toten wurden von den lachenden Priestern gefälscht und mit beliebigen Aufschriften versehen«. Gregorovius, der unverbesserliche Protestant, übertreibt. Aber nur ein bisschen.

Jedenfalls erwies sich Bonifaz VIII. aus der Provinzstadt Anagni südlich von Rom als ein ebenbürtiger Nachfolger des großen Gregor, indem er am 22. Februar 1300 die so genannte Jubelbulle erließ, die allen, die während des Heiligen Jahres 1300 die Basiliken Peter und Paul besuchen würden, völligen Sündenablass verhieß. Die Einheimischen sollten dreißig Tage in Rom wallfahren, die Fremden fünfzehn Tage. Bonifaz also erfand das Heilige Jahr und bescherte Rom damit einen in regelmäßigen Abständen fließenden Pilgerstrom, der durch päpstlich angeordnete Extra-Jubeljahre bei Bedarf auch noch außer der Reihe in Gang gebracht werden konnte. Jedes Haus, berichten die Geschichtsschreiber, sei in eine Herberge umgewandelt worden, wenn ein Heiliges Jahr anstand. Dennoch mussten nicht wenige im Freien schlafen: Um das Heilige Jahr 1400 hatte die Stadt nur noch 25 000 Einwohner, gut hundert Jahre später waren es gerade einmal doppelt so viel. Nicht gerade eine Metropole, dieser bedeutendste Wallfahrtsort der abendländischen Welt. »Rom bot Tag und Nacht das Schauspiel von heergleich hereinströmenden oder herausziehenden Pilgern dar«, schildert Gregorovius den Andrang im Heiligen Jahr 1300. »Ein ganzes Jahr lang war Rom ein völkerwimmelndes Pilgerlager und von babylonischer Sprachenverwirrung erfüllt. Man sagt, dass täglich 30 000 Pilger aus- und einzogen, und dass 200 000 Fremde sich täglich in der Stadt befanden.« Insgesamt also fast elf Millionen Pilger – eine enorme Zahl, wenn man bedenkt, wie mühselig und gefährlich im Mittelalter eine Wallfahrt nach Rom war. Im Heiligen Jahr 1450 kam es zu einer Katastrophe, als die Engelsbrücke unter dem Gewicht der Passanten auf dem Weg zur Peterskirche einstürzte. Hunderte von Pilgern starben.

Der Historiker Arnold Esch weist in seinem brillanten Essayband »Wege nach Rom« darauf hin, dass im 15. Jahrhundert römische Mietverträge eine Klausel für eine Mieterhöhung enthielten, für den Fall, dass ein Heiliges Jahr ausgerufen werden oder ein Kaiserbesuch stattfinden sollte. Nichts Neues also, wenn angesichts von 25 Millionen Pilgern zum Heiligen Jahr 2000 in Rom die Mieten für Wohnungen und Hotelzimmer mal eben verdoppelt wurden. Neu ist nur, dass man nachfolgend großzügig übersah, sie wieder zu senken. Aber dafür gibt es ja auch schon etwas länger keine Kaiserbesuche mehr, zu denen man zusätzlich noch ein wenig absahnen könnte. So ein deutscher Kaiser brachte, wenn er zur Krönung oder als Wallfahrer kam, eine Menge Volk mit. Bis zu 5000 Begleiter konnten es sein und die wollten untergebracht und versorgt werden. Einen »preistreibenden Menschenandrang«, nennt der Romkenner Esch eine solche friedliche Barbareninvasion, für die das vornehme Kirchenlatein den Ausdruck *concursus gentium* prägte.

Bis heute ist Rom Schauplatz eines solchen *concursus gentium*, auch wenn die Menschen aus aller Herren Länder neuerdings weniger kommen, um den Papst und die Apostelgräber zu sehen, als vielmehr um ihre beeindruckend detaillierten Restaurantführer zu testen. Kaum ein westeuropäischer Romreisender kennt noch die sieben wichtigen Pilgerkirchen des Mittelalters, stattdessen sind die modernen Pilger auf der Suche nach Erlebnisgastronomie, also dessen, was ihnen ihr Stammitaliener zu Hause in Altona noch nicht aufgetischt hat. Oder sie wollen shoppen auf der Via Condotti. Bewaffnet mit der neuesten Ausgabe eines Reisemagazins, in dem unter einem Titel, in dem garantiert das Wort »Genuss« eine tragende Rolle spielt, die wichtigsten Shopping-Adressen stehen, übersehen sie tapfer die allenthalben vorhandenen Zeugnisse ihrer eigenen, abendländischen Kultur – auf der Suche nach Dolce und Gabbana. Rom für Genießer, am besten im Schlussverkauf. Nun, das ist der Lauf der Welt und die Römer wären ja die Letzten, die sich dem entziehen wollten.

Die Römer kämen ihm vor wie Menschen, die auch noch den Leib ihrer eigenen Großmutter verschachern würden, mäkelte James Joyce und verzog sich ins sturmverwehte Triest. Und der neapolitanische Komiker Totò, ein Fürst aus altem Geschlecht und überzeugter Wahlrömer, zeigte in einer hinreißenden Filmszene, wie man ahnungslosen Ausländern als angeblicher Prinz von Trevi sogar die Fontana selbst verscherbeln könnte, inklusive der Erinnerungsmünzen. O ja, auch in Italien gelten die Hauptstädter als Gastgeber, die mit allen Wassern gewaschen sind. Die sich von den Besuchermassen in ihrer Stadt aber andererseits auch nicht aus der Ruhe bringen lassen. Leben und Leben lassen, bloß niemanden bekehren, und bitte keine Sentimentalitäten.

»Nichts wiegt, Rom, dich auf, ob du beinah in Ruinen; / Wie gewaltig du warst, lassen die Trümmer noch sehen«, dichtete Anfang des 12. Jahrhunderts der Bischof Hildebert von Lavardin. Und als Goethe im November 1786 durch die Porta del Popolo zog, notierte er exaltiert: »Ja, ich bin endlich in der Hauptstadt der Welt angekommen.« Fortan füllte er sein Reisetagebuch mit Schilderungen über die Kunstwerke der Antike, aber mit den Römern konnte er nicht ganz so viel anfangen. »Von der Nation wüsste ich nichts weiter zu sagen, als dass es Naturmenschen sind, die unter Pracht und Würde der Religion und der Künste nicht ein Haar anders sind, als sie in Höhlen und Wäldern auch sein würden.« In Rom suchte Goethe etwas anderes. »Ich will Rom sehn, das bestehende, nicht das mit jedem Jahrzehnt vergehende.« Damals gab es das Phänomen Erlebnisgastronomie noch nicht und die deutschen Reisenden nannten alle Nudeln schlicht Makkaroni.

Diesbezüglich haben sich die Kenntnisse zwischenzeitlich verfeinert, aber dafür ist Johann Joachim Winckelmann fast vergessen, der große Kunsthistoriker, Bibliothekar des Kardinals Albani und Oberaufseher über die römischen Altertümer. Knapp oberhalb der Via Savoia können Sie längs der Via Salaria durch das noch versperrte Eisentor (die Stadt Rom verhandelt mit den Fürsten Torlonia, um das Grundstück der Öffentlichkeit zugänglich zu machen) einen Blick in den wunderbaren, mit antiken Resten übervollen Park der Villa Albani werfen. Hier lebte Winckelmann, hier arbeitete er in Diensten des Kardinals, hier schrieb er die »Geschichte der Kunst des Altertums« und begründete damit die Archäologie. »Wenn ich schlafen will, ist es nötig, mich beinahe zu besaufen«, schrieb Winckelmann über die lauten römischen Nächte, aber: »Alles ist nichts gegen Rom.« Und über die Römer: »Willst du

Menschen kennen lernen, hier ist der Ort. Köpfe von unendlichem Talent, Menschen von hohen Gaben, Schönheiten von dem hohen Charakter, wie sie die Griechen gebildet haben.«

Hallo! Sie! Sitzen Sie noch? Auf dem Marmorrand des Trevi-Brunnens? Vorsicht, der Typ da hinten im Legionärskostüm ist ein Taschendieb! Zugegeben, wir sind ein bisschen abgekommen von den Münzen, so kann es gehen, wenn man all die Bilder an sich vorbeiziehen lässt. Rom, einer der stärksten Erinnerungsorte der Welt, überwältigend schön, aber nicht gerade unbeschwert. Und vor allem kein Museum. Andere Städte Italiens haben dieses Schicksal erlitten, allen voran Venedig, aber auch Siena und Florenz. Rom indessen, diese Masse alter Steine, ist quicklebendig. Damals wie heute ist der Tourismus eine wichtige Einnahmequelle, doch die Römer leben nicht ausschließlich von ihm. Eher mit ihm. Sie betrachten ihn als notwendige Selbstverständlichkeit, der ihrer Identität nichts, aber nicht das kleinste bisschen anhaben kann. Es gibt kein Schnitzel wie in Rimini und kaum jemand spricht Englisch, geschweige denn Deutsch. Das Frühstück in den Hotels besteht aus einem schlappen Hörnchen, lauwarmem Kaffee und manchmal sogar einem Joghurt. Na und? Alle kommen nach Rom, irgendwann. Alle Wege führen hierher. Was sollen diese armen Menschen auch tun, die nicht das Glück haben, hier zu leben? Sie kommen und staunen. Und Rom nimmt sie auf, für eine Weile. Ohne Touristen würden die Römer sich einsam fühlen. Und verlassen. Sie lieben es, Reisenden ihre Stadt zu zeigen. Jeder Taxifahrer, jeder *barista* kann Ihnen von den Schönheiten Roms erzählen und in der Woche im Dezember, wenn man auf Einladung des Kulturministeriums in den Museen keinen Eintritt zahlen muss, sehen sich die Römer regelmäßig selbst an, was ihre Stadt zu bieten hat.

Wenn die Fremden nicht mehr strömen würden, wäre sie womöglich gar nicht mehr das Haupt der Welt. Caput Mundi. Sie meinen, das sei schon etwas her? Davon hat man sich hier, ehrlich gesagt, zwischenzeitlich noch nicht überzeugt. Zwar reisen auch die Römer, neuerdings. Insbesondere Paris und Berlin lieben sie. So modern. So riesig. So weltoffen. Römer finden es toll, selbst Touristen zu sein. In anderen Städten der Welt ihrerseits abgezockt zu werden – das verbuchen sie gleichmütig als ausgleichende Gerechtigkeit. Wenn sie dann nach Hause kommen, schwärmen sie davon, dass woanders alles viel besser funktioniert. Dass man in den Museen mit Kreditkarte bezahlen kann und die Busse pünktlich fahren. Unser Freund Nanni, ein römisches Urgewächs, gibt seit Jahren seine ultimative Deutschland-Anekdote zum Besten: Weil er als Fußgänger bei Rot eine Straße überquerte, musste er dem Polizisten, der ihn dabei erwischte, eine Geldbuße von fünf Mark zahlen. Seht ihr, so beendet Nanni jedes Mal seine kleine Geschichte, das ist ein Land, das wirklich funktioniert. Und dann sagt er gar nichts mehr. Er lehnt sich zurück und lächelt selig. Sein Lächeln bedeutet: Gut, dass ich da nicht leben muss. Eigentlich bestärkt jede Reise ins Ausland oder auch nur in einen anderen Teil Italiens die Römer in ihrer Überzeugung, dass sie vom Schicksal besonders begünstigt sind. Es gibt nichts Vergleichbares. »Wir waren letzte Woche in London. Nett da, wirklich. Ein ziviles Land, nicht so wie bei uns. Bis auf das Essen … Klar hat's geregnet, regnet doch immer da, oder? Doch, wir haben uns auch was angeguckt. Tolle Museen, und Kaufhäuser haben die da … können wir nur von träumen. Die Parks sind auch nicht schlecht, das können sie ja, die Engländer.« Zum

Schluss kommt immer ein befriedigtes: »Sicher, es ist nicht wie in Rom.«

Nun werfen Sie schon. Auf Ihre Wiederkehr. Oder wollen Sie es nach diesem ganzen Gemälde halten wie Günter Eich, der auch schon vor Ihnen hier saß: »Ich werfe keine Münze in den Brunnen, ich will nicht wiederkommen. Zu viel Abendland, verdächtig.« Nicht doch. Der *vigile* hat Ihnen gerade den Rücken zugedreht. Los, den rechten Arm heben, Augen zu, über die Schulter, fertig. Es ertönt ein klitzekleines Platsch und Ihr Geldstück trudelt auf den Grund, zu all den anderen. Die Münzen übrigens gehen an die Caritas. Oder auch manchmal an Signore Massimo aus dem Trevi-Viertel. Der wurde neulich von der Polizei erwischt und verhaftet. Daraufhin ist seine Nachbarschaft für ihn auf die Barrikaden gegangen, mit dem Resultat, dass er jetzt weiter im Trevi-Brunnen fischen darf. Das Geld in der Fontana di Trevi gehört nämlich allen. Wie der Brunnen. Wie die ganze Ewige Stadt.

Bücher über Rom

Eine Auswahl

Annuario Pontificio, Città del Vaticano
Das 2000 Seiten dicke, jährlich neu aufgelegte Verzeichnis des Vatikans nebst der Beschreibung sämtlicher apostolischer Institutionen: Kultbuch und Fundgrube.

Fernando Acitelli: Francesco Totti, il tribuno di Porta Latina, Arezzo 2002.
Wie der Fußball die Römer bewegt.

Ernst Batta: Römische Paläste und Villen – Annäherung an eine Stadt, Frankfurt a. Main 1992.
Geschichte und Geschichten um die schönsten Palazzi Roms.

Ada Boni: Il Talismano della Felicità, Roma 1985.
Italiens Kochbibel mit original römischen Rezepten.

Giuseppe Gioachino Belli: Sonetti, Milano 1990.

Attilio Brilli: Reisen in Italien – die Kulturgeschichte der klassischen Italienreise, Köln 1989.

Arnold Esch: Wege nach Rom, München 2003.
Das mittelalterliche Rom, Wallfahrtsziel für Pilger und Kaiser.

August Franzen / Remigius Bäumer: Papstgeschichte, Freiburg 1988.
Alle Päpste von Petrus bis Johannes Paul II.

Ferdinand Gregorovius: Geschichte der Stadt Rom im Mittelalter. Vom V. bis zum XVI. Jahrhundert. Vollständige Ausgabe in 7 Bänden, hrsg. v. Waldemar Kampf, München 1978.
Umfassend und farbig, 2300 Seiten pralle Geschichte.

Francis Haskell: Maler und Auftraggeber, Kunst und Gesellschaft im italienischen Barock, Köln 1996.
Spannende Darstellung grandiosen Mäzenatentums.

Fik Meijer: Kaiser sterben nicht im Bett, Darmstadt 2003.
Sondern meistens von Mörderhand: Wie Roms Kaiser den Thron verließen.

Cristiano Militello: Giulietta è 'na zoccola, Milano 2004.
Die besten Sprüche aus Italiens Stadien und die allerbesten aus Rom.

Alberto Moravia: Die Römerin, München 2003.

Helmuth A. Niederle (Hg.): Rom, Europa erlesen, Klagenfurt 1999.
Ein Rom-Lesebuch mit Texten aus drei Jahrtausenden.

Pier Paolo Pasolini: Ragazzi di vita. Berlin 1990.

Volker Reinhardt (Hg.): Die großen Familien Italiens, Stuttgart 1992.
Der Aufstieg von über siebzig Adelshäusern, die Italien prägten.

Fernando Ravaro: Dizionario romanesco, Roma 1994.
Römischer Dialekt für Fortgeschrittene.

Andreas Tönnesmann: Kleine Kunstgeschichte Roms, München 2002.
Kompakte Kunstgeschichte vom frühen Mittelalter bis zur Gegenwart.

Karl-Wilhelm Weeber: Alltag im Alten Rom, Zürich 1995.
Von Abendessen bis Zoo ein Lexikon über das Leben in der Antike.

Roberto Zapperi: Die vier Frauen des Papstes; Das Leben Paul III. zwischen Legende und Zensur, München 1997.
Wie es in der Renaissance bei Papstens zuging.

Bereits erschienen:

Gebrauchsanweisung für...

Amerika
von Paul Watzlawick

Amsterdam
von Siggi Weidemann

Barcelona
von Merten Worthmann

Bayern
von Bruno Jonas

Berlin
von Jakob Hein

die Bretagne
von Jochen Schmidt

Brüssel und Flandern
von Siggi Weidemann

China
von Kai Strittmatter

Deutschland
von Maxim Gorski

Dresden
von Christine von Brühl

die Eifel
von Jacques Berndorf

das Elsaß
von Rainer Stephan

England
von Heinz Ohff

Frankreich
von Johannes Willms

den Gardasee
von Rainer Stephan

Genua und die Italienische Riviera
von Dorette Deutsch

Griechenland
von Martin Pristl

Hamburg
von Stefan Beuse

Indien
von Ilija Trojanow

Irland
von Ralf Sotscheck

Italien
von Henning Klüver

Japan
von Gerhard Dambmann

Kalifornien
von Heinrich Wefing

Katalonien
von Michael Ebmeyer

Köln
von Reinhold Neven Du Mont

Leipzig
von Bernd-Lutz Lange

London
von Ronald Reng

München
von Thomas Grasberger

Moskau
von Matthias Schepp

01/0002/12/L

Neapel und die Amalfi-Küste
von Maria Carmen Morese

New York
von Verena Lueken

Niederbayern
von Teja Fiedler

Nizza und die Côte d'Azur
von Jens Rosteck

Norwegen
von Ebba D. Drolshagen

Österreich
von Heinrich Steinfest

Paris
von Edmund White

Polen
von Radek Knapp

Portugal
von Eckhart Nickel

Rom
von Birgit Schönau

das Ruhrgebiet
von Peter Erik Hillenbach

Salzburg und das Salzburger Land
von Adrian Seidelbast

Schottland
von Heinz Ohff

Schwaben
von Anton Hunger

Schweden
von Antje Rávic Strubel

die Schweiz
von Thomas Küng

Sizilien
von Constanze Neumann

Spanien
von Paul Ingendaay

Südfrankreich
von Birgit Vanderbeke

Südtirol
von Reinhold Messner

Tibet
von Uli Franz

die Toskana
von Barbara Bronnen

Tschechien und Prag
von Jiří Gruša

die Türkei
von Iris Alanyali

Umbrien
von Patricia Clough

die USA
von Adriano Sack

Venedig
von Dorette Deutsch

Wien
von Monika Czernin

01/0002/12/R

PIPER

Henning Klüver

Gebrauchsanweisung für Italien

191 Seiten. Gebunden

Alle lieben Italien – das Land, wo die Zitronen blühen, wo die Frauen schön sind und der Espresso aromatisch. Glaubt man. Aber was blüht jenseits des Brenners wirklich? Was essen die Italiener, wenn die Mamma keine Lust auf Pizza und Pasta hat? Und warum tragen fast alle unsere Schuhe das Gütesiegel Made in Italy?
Henning Klüver weiß es. Mit leichter Hand widmet er sich den ureigensten Domänen der Italiener: der Familie und der Mafia, der Mode und der Piazza, der Kirche und dem guten Essen. Er kennt den Unterschied zwischen Osteria und Ristorante, er weiß, warum die italienische Innenpolitik einer Daily Soap in nichts nachsteht und wieso schon lange kein Italiener mehr ohne Handy auskommt.

01/1065/01/R

PIPER

Barbara Bronnen

Gebrauchsanweisung für die Toskana

183 Seiten. Gebunden

Wir alle lieben die Toskana und wollen dorthin, wo es aromatischen Montepulciano gibt, Kastanienhonig und Wildschweinragout. Wir tragen die Bilder von der Toskana in uns, genießen die Sonne und die Maremmenluft. Über sanfte Hügelketten und durch malerische Zypressenalleen bereisen wir unser Sehnsuchtsland. Wir suchen die gute toskanische Küche und die wohltuende Ruhe der Provinz, wir schlendern durch die schicken Boutiquen von Florenz und bewundern die mittelalterlichen Türme von San Gimignano. Auch Barbara Bronnen hat sich verliebt in die Landschaft und ihre Menschen, sie hat das legendäre Pferderennen in Siena besucht und sich entschieden, jedes Jahr wiederzukommen. Sie erzählt uns von toskanischem Eigensinn und dem lustvollen Leben zwischen Pisa und Florenz, Arezzo und Carrara.

01/1356/01/L

Dorette Deutsch
Gebrauchsanweisung für Venedig

191 Seiten. Gebunden

Venedig – eine der faszinierendsten Städte der Welt. Aber die Serenissima hat mehr zu bieten als Gondolieri, Goldmosaiken und die Tauben auf dem Markusplatz. Dorette Deutsch führt den Leser mitten hinein in das venezianische Leben: Der Kapellmeister von San Marco verrät die Geheimnisse der schönsten Basilika der Welt, Andrea, der passionierte Koch aus dem »Bancogirone« weiß noch, wie auf Murano der traditionelle Aal in Lorbeer zubereitet wird, und Anna, die mit ihrer Familie in einem gotischen Palazzo wohnt, erzählt vom Alltag auf den Kanälen. Ihre Geschichten erklären, warum ein Glas Wein auf venezianisch »ombra«, Schatten, heißt, warum die Fischerhäuser auf Burano gelb und blau angestrichen sind und in welchen Booten venezianische Bräute in die Kirche fahren.
Dorette Deutsch entführt uns in die jahrhundertealte Stadt auf dem Wasser, in der Gestern und Heute im schimmernden Licht der Lagune miteinander verschmelzen.

01/1355/01/R